心一堂術數古籍珍本叢刊

書名：《沈氏玄空挨星圖》《沈註章仲山宅斷未定稿》《沈氏玄空學（四卷原本）》
合刊（中）
系列：心一堂術數古籍珍本叢刊　堪輿類　第二輯　220
作者：【清】沈竹礽、【民國】江志伊等
主編、責任編輯：陳劍聰
心一堂術數古籍珍本叢刊編校小組：陳劍聰　素聞　鄒偉才　虛白盧主

出版：心一堂有限公司
通訊地址：香港九龍旺角彌敦道六一〇號荷李活商業中心十八樓〇五—〇六室
深港讀者服務中心：中國深圳市羅湖區立新路六號羅湖商業大厦負一層〇〇八室
電話號碼：(852)67150840
網址：publish.sunyata.cc
電郵：sunyatabook@gmail.com
網店：http://book.sunyata.cc
淘寶店地址：https://shop210782774.taobao.com
微店地址：https://weidian.com/s/1212826297
臉書：https://www.facebook.com/sunyatabook
讀者論壇：http://bbs.sunyata.cc/

版次：二零一八年十一月初版
平裝：三冊不分售

定價：港幣　九百八十八元正
新台幣　三千八百八十元正

國際書號：ISBN 978-988-8582-06-8

香港發行：香港聯合書刊物流有限公司
地址：香港新界大埔汀麗路36號中華商務印刷大厦3樓
電話號碼：(852)2150-2100
傳真號碼：(852)2407-3062
電郵：info@suplogistics.com.hk

台灣發行：秀威資訊科技股份有限公司
地址：台灣台北市內湖區瑞光路七十六巷六十五號一樓
電話號碼：+886-2-2796-3638
傳真號碼：+886-2-2796-1377
網絡書店：www.bodbooks.com.tw
台灣國家書店讀者服務中心：
地址：台灣台北市中山區松江路二〇九號一樓
電話號碼：+886-2-2518-0207
傳真號碼：+886-2-2518-0778
網絡書店：http://www.govbooks.com.tw

中國大陸發行　零售：深圳心一堂文化傳播有限公司
深圳地址：深圳市羅湖區立新路六號羅湖商業大厦負一層〇〇八室
電話號碼：(86)0755-82224934

心一堂微店二維碼

心一堂淘寶店二維碼

竹礽先生遺著

沈氏玄空學

後學趙邦彥敬題

沈氏玄空學序

相墓之術曰巒頭曰理氣巒頭其體理氣其用[illegible]可偏廢也第巒頭徵實古今無偽書理氣課虛[illegible]偽訣三元三合聚訟紛紛勢如水火平心而論三合家之卑不足道無待贅言三元則權輿卦象根據圖書其義理實顛撲不破惟自蔣杜陵著地理辨正玄空真訣祕密不宣其見知聞知者惟姜氏汝皋章氏仲山溫氏明遠姜註奧語章著直解溫著續解學者非得挨星之法即讀其書仍苦無從索解於是三元偽訣人自為說無所折衷居今日而欲得楊公理氣之真相不戛戛乎

其難哉錢唐沈竹礽先生幼年孤露稍長思卜地葬父博考相墓諸書其於理氣也初習三合知其謬而致力三元以重金購仲山宅斷於其後裔旣得奧竅爰著地理辨正抉要靈城精義箋地理諸書僞正考又將仲山宅斷重加訂正發明其所以然俾玄空理氣學者得門而入視杜陵之嚴守秘密其用心相去霄壤矣辛酉夏五 志伊獲交先生哲嗣瓞民觀察於蘇門壬戌十月得先生所註仲山宅斷於宜興徐氏錄副本歸思之半年始通其法癸亥卧病宣城瓞民來書謂丙午先生寢疾時遺命將所著書傳之其人以公於世編輯之役舍君

莫屬伊於先生在私淑弟子之列夫何敢辭甲子病愈
稍稍從事又躬至蘇門白下與瓞民商定體例數月蕆
事名其書曰沈氏玄空學內分四卷曰自得齋地理叢
說曰九運挨星立成圖曰章仲山宅斷詳註曰挨星古
義竊以先生之學前無古人如羅經挨星替卦城門訣
反伏吟令星入囚生成合十七星打刦四十八局諸訣
均發前人所未發而論世人祕密之謬尤使若輩無可
置辭學者得先生此書而精求之以之卜地葬親可免
上山下水反吟伏吟及兼向差錯出卦之病即江湖術
士得此書之緒餘不致以三合庸術自誤誤人其造福

豈有涯涘哉編成爰誌其緣起於此

歲在乙丑四月下浣旌德後學江志伊謹序

附錄　癸亥九月先生哲嗣瓞民觀察致伊書云先君易簀時欲以所學傳姚江胡伯安姻伯遲爲不至因占一課自斷云中元甲子將交未交時西北方有人定能發明此學將来此書出世可爲地理學之破天荒近人造塋陰陽差錯世將大亂此書出學者可免歧誤再能精益求精理氣不謬國勢必興云及伯安至申先君已逝手抄所註仲山宅斷以去茲將先君遺屬鄭君閱之書示緜兒杭州親友來咸謂汝爲

父覔塋地登山涉水無時休息志誠可嘉父不幸少孤汝祖母於杭城陷時投井殉節求遺骨不獲心常耿耿何敢妄求吉地以安臭皮囊只求四山平穩足矣惟父前因卜塋先世遺骸即研究玄空之理百思不解叩之稍知門徑者多祕而不宣動以天機不可洩漏搪塞其實若輩亦一無所知甚有謂三元三合須參用者騎墻可哂嗣偕伯安至無錫以重金購得章仲山宅斷漏夜錄成卜居上虞之福祈山日夜窮思未明其奧偶閱五黃入中宮運圖豁悟後天八卦之理昔日疑團一旦盡釋而於生入剋入生出剋出

比和謂為歸魂亦曰復位亦心目了然以讀辨正等書迎刃而解惜蔣氏當日亦多知其當然不知其所以然者章氏能明其理惜嚴守祕密華氏有傳世之志惜學太幼稚無甚闡發乃將仲山宅斷逐圖詮註俾世人洞然知天機之所在今日西人於聲光化電一有所得不惜原原本本著書公世真所謂洩盡天機者何嘗偶遺天譴父老矣生平談此學每為人所訐詰雖欲洩盡天機人終不信豈天機竟不使吾洩盡耶近日舊病復發知不能久在人世念朋好中推姚江胡伯安增戉尚有同好刻電名来申傳以此學惜彼家事

繁多不能即至占得一卦得家人之蹇亥水父母爻值旬空恐非亥年不能昌明易林彖曰五方四維安平不危利以居止保有玉女又卜斯學何年可得人行世得旅之艮卯木父母伏而不見酉年兌當遇一人具人亥水官星亦伏大約予父子猶未見之也亥在西北當於西北方求之易林彖曰艮人淑女配合相保多孫眾子歡樂長久父死之後汝對於吾之遺書決不可視為珍祕有欲借觀借抄者舉以予之切勿效器小者之為云云緜按辛酉夏五晤君於蘇君居宛陵在申之西北得先君所註仲山宅斷在壬戌

冬通其奧竅實在癸亥蓋無一不與先君所占相合者先君遺書編輯行世舍君其誰與歸乎伊寀高淳東壩有白雲真人乩壇靈異著壬戌四月伊叩挨星之學乩云地理之學自有真相應行專注正軌免被雜說所惑挨星非熟精易理參得其竅不可機緣未至吾未便授汝以道也數年之後不昧夙因自有所遇七月又叩之乩示一詩有月白風清際有緣句十一月伊至宜興為徐遂初觀察之封翁卜葬藕山封翁即假仲山宅斷於瓞民者取書以歸錄藏行篋原本郵還瓞民癸亥九月瓞民郵此函以編輯先生

遺書見委十二月至東壩復叩于壇真人乩示云所得沈書挨星法的係蔣氏真傳適符前數而本壇所示月白風清之句至是亦有奇驗月白二字暗寓祖緜瓞民之名之中風清二字按之清風徐来此書因由徐而来也不昧夙因者即許汝能覺其奧也令欲以此書行世具見公道且可補救於時以免地理家暗中摸索誤人不淺待汝沈疴脫去匯集付梓造福無疆矣因果如此特詳誌之以諗世之讀此書者

乙丑夏五志伊謹記

沈氏玄空學序

甲子三月予友鄧契一居士邀沈君瓞民自蘇來甯捐度法雲寺道場越數日予同年江莘農亦至相與商決建殿基址背西面東而以前擬建殿之地興築佛教慈幼院予之識瓞民自此始瓞民邃於形法家蓋承其家學也嗣是法雲凡有興建輒就咨諏瓞民和易篤厚談娓娓不倦自稱蓮池大師族裔於佛門事尤傾誠策畫予敬異之今年七月瓞民自蘇寄其先德竹礽先生所著玄空學屬敘簡端予於青囊諸書未涉津涯何敢妄有論列强不知為知第念莘農從事相墓最久探玄索

幽融貫諸家晚年尤多實驗用心力彌勤曩語予曰沈
書挨星法的是蔣氏真傳此次編訂各稿心神冥契謂
先生之書前無古人自居於私淑弟子之列莘農不苟
言之君子推崇至此則是書必能信今傳後無疑矣抑
又聞繼氏在蘇蓮池入夢於其掌中畫一卍字微笑而
去次晨契一即邀之來甯法雲為念佛放生道場尋法
雲棲此中殆有一段香火因緣不可思議云因並記之
乙丑九月江甯魏家驊

沈氏玄空學跋

自司馬温公不信風水而儒者或卑視堪輿以為妄人之所為也然予考儀禮既夕禮有云筮宅冢人物土鄭君注謂物土為相地則相地固聖人之所重也相之如何周禮小宗伯有卜葬兆之文鄭註兆墓塋域夫墓塋之域而稱曰兆蓋猶今俗所云風水地則相地之術亦堪輿而已矣儒者皆誦論語莫不知葬之以禮顧於堪輿則或毀之不知其為禮家之事也毋亦未之深考歟泉唐沈瓞民先生内子之師也二十年前先生教授新地理學於滬上内子為女師範生從先生受新地理學

先生之新地理學名滿天下予亦以新地理教學滬上與先生交友既而予去滬先生亦宦遊南北相别蓋十有六年去歲甲子之春為先母葬事家君命訪堪輿名家一日在金陵謁蔣德江鬱生太史忽遇先生於旅邸談次先生述家學始知先生精堪輿也先母宅兆以先生指示玄空法幸獲安厝而先生復教予此學予竟得窺見一二嗚呼此先生之盛德予豈敢忘哉予嘗讀地理辨正數載不解自先生指示而後知有管鑰在先生蓋傳其尊人　竹礽公之學公為學甚博堪輿之書無所不讀而理氣卒以玄空為正予每遇先生先生談堪

輿輒臚舉各家論其得失源流清晰如目錄家之分別部居蓋先生家學如此此所謂通學也夫儒者妄堪輿皆由不深考其故而惑於江湖術士囿於一曲之所為耳使其遍通學則亦何妄哉今年夏先生以鬱生太史所編次沈氏玄空學四種郵示皆 竹礽公之遺箸也先生不以予為不可教而屬為之跋語顧予於先生家學僅窺見萬一予何敢置辭惟以 竹礽公涉天地之祕俾業親者得由此以盡其禮亦孔教之功臣也則不能不以告天下儒者夫玄空之學洛書之學也明堂之學也用洛書於明堂義見大戴禮記盛德篇其文有云

明堂者凡九室一四九七五三六一八又云明堂天法也又云天道不順生於明堂不飾儒者而明此義焉則堪輿之不外乎禮亦思過半矣予敢告天下儒者曰沈氏玄空學葬禮之所必以也願天下儒者共學之

歲在乙丑八月潮日上海再傳後學姚明煇頓首拜識

沈氏玄空學四種序

自公劉遷豳相陰陽觀流泉後世形家之說以興然但察地形未觀天象其於體用終難兼賅夫既曰陰陽復曰流泉固明明盡仰觀俯察之能事古人文辭簡質惜後之學者未能心領神會耳玄空之學握陰陽之樞發圖書之祕古今知者不過數人明蔣大鴻氏著地理辨正僅存玄空之名未傳玄空之用遂致異說紛紜莫可究詰雖有好學深思之士廢寢忘餐終難索解此皆蔣氏誤解天機不可洩漏一語有以致之錢塘沈竹礽先生工詩文善書畫尤擅堪輿之術嘗以重金購得章仲

山宅斷苦思力索未能驟明偶因讀易悟洛書五入中宮之理遂豁然貫通取閱宅斷及地理辨正諸書無不迎刃而解先後成章仲山宅斷詳註地理辨正抉要靈城精義箋地理諸書僞正考等書皆發前人人不傳之祕導後學正路之由繼往開来足垂不朽先生嘗論先後天卦位合十適中央戊己之數各成十五孔子所謂五十學易者即此是也又論變者河圖不變者洛書此等創解前無古人非讀書得間洞見本原者曷克臻此今哲嗣瓞民觀察先業刊自得齋地理叢說九選挨星立成圖章仲山宅斷詳註挨星古義凡四種餘待續梓行

見玄空之學昌明於世挽回氣運非先生之力其孰能之至先生生平事略具見表傳蓋古之振奇人也

乙丑八月上弦　古越王謩謹序

沈氏玄空學四種序

玄空之學肇自河雒其傳最古而用尤神然非深明易理者未易窺其堂奧自晉郭景純演經立義玄空之名大著唐邱延翰楊筠松先後繼起傳授有自宋吳景鸞元張定邊亦各有傳書迨明蔣大鴻雖倚玄空正傳著地理辨正然其註天玉經以為天機祕密不可洩漏大失昔賢著書垂教之本旨章仲山辨正直解亦未盡披露遂致偽說並起莫衷一是幾使玄空之學不絕如綫良可慨也錢塘沈竹礽先生抱經世才未能大用退隱滬瀆著述自娛平生為學好深湛之思為文宗桐城詩

則由盛唐上溯魏晉兼工繪事得元人高逸之致嘗謂有清一代文如方姚詩有漁洋初白諸家均可獨立千古即以畫論若四王吳惲亦皆名播藝林傳諸久遠後人殫精竭慮能越其範圍恐盛名終為所掩故先生於詩文繪事外每思別樹一幟少好地理從事最久初習三合漸覺其非後因研究易理遂悟玄空心法著地理辨正抉要靈城精義箋地理諸書偽正考章仲山宅斷詳註皆發前人所未發譬之孤經絕學厥功甚偉生平著作甚富行世者僅李文忠所刊泰西操法六卷地雷圖說二卷過山礮圖說二卷其餘詩文雜著均藏於家

哲嗣餞氏觀察曾為 華 居停主人故得捧讀先生遺著
公觀察彙刊先生玄空學四種為自得齋地理叢說九
運挨星立成圖章仲山宅斷詳註挨星古義都凡四卷
並得江華農太史為之編次足稱善本書成觀察屬 華
校勘並索序言又何敢辭竊謂先生負奇才異能安於
下位未竟其志立言傳世足垂不朽其存心之公與望
世之治貽然若揭倘僅以方技目之則淺之乎測先生
矣
旃蒙赤奮若壯月紹興後學傅華謹序

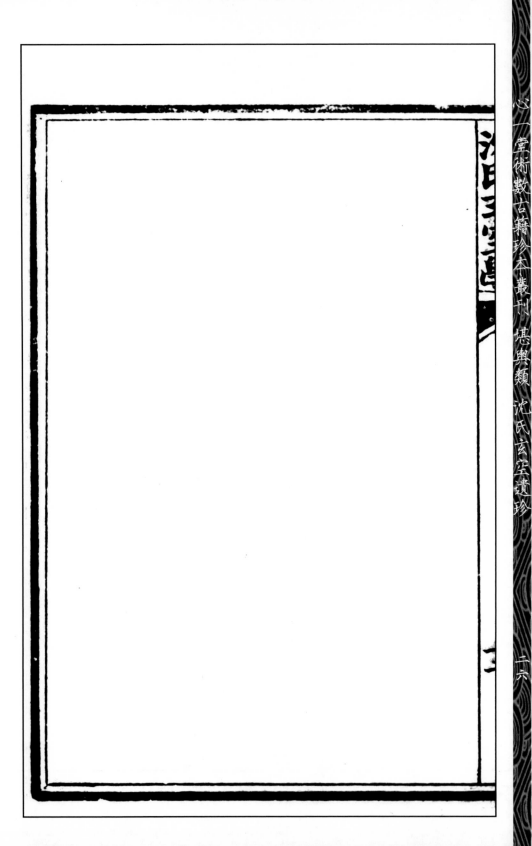

沈氏玄空學序

易曰河出圖洛出書聖人則之古人每多連類而及之辭具實河圖洛書二者迥殊舊解謂河圖即八卦洛書即九疇是也蓋八卦以辨方位而宅中圖大九疇以組社會而開國承家本不可混視也或曰河洛皆古國名竹書紀年猶有河伯洛伯蓋河洛二國所出之圖書然非也古圖籍創以發端題名八卦發端乾坤二卦位當最下乾卦一為龍坤卦一一為馬故曰龍馬負圖簡稱曰龍圖乾又以一畫開天即是天一生水遂人伏羲皆起黃河沿岸故曰河圖若洪範九疇發端於初一曰五行

之水水為北方玄武龜故曰龜書禹興於洛故曰洛書然而河洛圖書咸發端於水則水為萬物生生之源此與希臘大勒士言水為宇宙之本質今堪輿家最重一白貪狼又古今東西哲家所見略同也此吾人對於河洛圖書正當之解釋也然自趙宋而還習非成是至以五行生成數為河圖以太乙下行九宮法為洛書堪輿家不能遠徵則亦相與沿用之而成專門名詞其實皆河圖八卦之事而已矣嘗考尸子稱遂人仰觀辰星下察五木以為火五木用寄五行五行者四象加中央是也又考管子稱虙戲氏造六峜以迎陰陽作九九之數

以合天道案峇當為畫之古文奇字六畫者即伏羲重卦之證也八卦猶止三畫若為六畫則已成六十四卦可知也矧伏羲既能作九九八十一之數豈有不能畫八八六十四卦之理哉至九九之數則即周髀算經所謂古者包犧立周天歷圖圓出於方方出於矩矩出於九九八十一者是也周髀又言凡為八節二十四氣此亦與尸子謂伏羲畫八卦列八節之說合又言冬至晝極短日出辰而入申夏至晝極長日出寅而入戌冬至從坎陽在子日出巽而入坤夏至從離陰在午日出艮而入乾此與淮南子天文訓謂子午卯酉為二繩丑寅

辰巳未申戌亥為四鉤東北為報德之維西南為背陽之維東南為常羊之維西北為蹏通之維日行一度十五日為一節以生二十四時之變斗指子則冬至加十五日指癸則小寒加十五日指丑則大寒加十五日指報德之維則立春加十五日指寅則雨水加十五日指甲則驚蟄加十五日指卯則春分加十五日指乙則清明加十五日指辰則穀雨加十五日指常羊之維則立夏加十五日指巳則小滿加十五日指丙則芒種加十五日指午則夏至加十五日指丁則小暑加十五日指未則大暑加十五日指背陽之維則立秋加十五日指

申則處暑加十五日指庚則白露加十五日指酉則秋分加十五日指辛則寒露加十五日指戌則霜降加十五日指蹏通之維則立冬加十五日指亥則小雪加十五日指壬則大雪云云之說亦無不合惟周髀之乾坤艮巽四維而淮南則易以報德之維背陽之維常羊之維蹏通之維名謂不同耳此考諸古而今堪輿家所用羅盤之二十四山向遠來自上古三代者一也又考古醫經論病源用八方對衝一九相對故子午衝而寒熱可以互勝三七相對故卯酉衝而溫涼可以互勝二八四六相對二坤熱土八艮寒土四巽溫土六乾涼土坤

巽得濕熱之氣則皆濕土艮巽得寒涼之氣則皆燥土濕土漸於辰旺於未燥土漸於戌旺於丑故辰戌丑未衡而燥濕可以互勝靈樞九宮八風篇及素問五常政大論云委和之紀眚於三凡五段及六元紀大論云乙丑乙未歲災七宮凡十五段文義蓋如此此考論古而今堪輿家所用挨星之一二三四五六七八九遠來自上古三代者二也大抵古者學以世授遂人伏羲皆風姓黃帝時猶有風后故魏博士淳于俊稱伏羲因遂人河圖而畫卦乾鑿度云昔燧人氏仰觀斗極以定方名庖犧因之而畫八卦黃帝受命使大撓造甲子容成次

曆數五行九宮之說自此而興是可知河圖八卦九宮一貫之事皆原於斗極斗位北方水紀肇彰河圖分之而為八卦加中央則即九宮也夫卦字从卜以驗吉凶宮象棟宇義取宅居詩云相其陰陽觀其流泉大戴禮明堂篇云二九四七五三六一八此皆上古以八卦九星奠都作室之證也蓋斗極建於上而氣化之流行於下無往而不在也故物各有一天地不獨人身一小天地也雖人死化而為異物猶自有其一天地在也此則八卦九星不獨可施諸生人之家屋并可用諸死人之墳墓其理甚彰彰也周官有墓大夫孝經曰卜其宅兆

而安曆之書闕有間其詳不可得而聞漢志始著宅書東京釐有葬法雖承學之士咸稱郭景純楊筠松以下諸大師要皆修明古先聖之遺緒者而已遜清三百年間考訂學之盛大有歐洲古學復興之象而堪輿之術有杜陵蔣大鴻著地理辨正一書為言玄空學者之圭臬青囊玄空皆後世所名然空位北方上斥斗極則亦猶古之義也惟是蔣氏之學本有可議而沿其派者浸傷弇陋余幼承庭訓粗覩徑涂頃年為漢書藝文志講疏竟繼撰隋書經籍志講疏益於此道希冀洞識源流當任東南大學教授時因李審言前輩得識沈子腆民

觀察出其先尊翁竹礽先生遺著多種余受而讀之不勝驚服竹礽先生堪輿之學博大精深可謂集此學千年来之大成者豈第上掩蔣氏而已瓞民告余謂其尊翁惟楊筠松無間然其餘則多有微辭或大聲指斥而於蔣氏尤甚誠哉是言也嘗思經生治漢學而能明堪輿為蔣氏諍友者吾鄉先達有張臯文先生著青囊天玉通義最近有廖君季平前輩季平著書更多獨於三元九運之說祖述劉歆三統歷然非也余謂今堪輿家所用三元九運法出奇門遁甲俞理初癸巳類稿已言之九星本先由時間而後布濩於空間今堪輿家之為

三合法者拘囿於方位宜其不如三元法之奇驗也且以今用羅盤言之靈素緯候諸古籍所載祇普通扳盤一盤而為玄空之法者則更加以運盤山盤向盤三般卦而後吉凶可斷斯則真所謂專門之術已蓋言古者必有驗於今玄空家法既已應驗如神則奇門九宮本屬一家事也今竹礽先生大明玄空諸家之學更發明城門替卦諸訣言近代諸師所不能言並著地理諸書僞正考尤為治堪輿學之門徑書竹礽先生以為由此而可救世亂致太平且不屑祕密廣傳諸人此其設心之公忠尤豈從來堪輿諸師所能及哉抑吾聞巢居知

風穴居知雨人類原始皆嘗經巢穴生涯而来其先知何遽不若鳥獸蟲蟻哉然而余觀世界文明之發源地必在河流若埃及之尼羅河若印度之辛頭河殑伽河若巴比倫尼亞之底格里斯河衰甫拉底河皆以天時地理之樂易故其民族之所為居遂亦不發生何等特殊之方術獨吾中國不然其文明之發源地在黄河流域以其風沙之荒寒土地之磽确山川之廣漠重以他蠻族侵陵之頻煩遂不得不排萬難而冥冥中逼迫吾民族之所以為居者產生世界無二之奇術一若其得之也艱故專之也久此則八卦九宮之所由来也歟惟

有八卦九宮故陰陽二宅每一奠居輒綿延子孫千年百年是以中國民族之蕃衍皆從上而下其祖先千百年之遥遥猶有譜牒可稽而與他國民族之蕃衍輒從四旁横溢而来其祖先多不可稽考者大不同夫從上而下之民族無以名之名之曰嗣民族從旁四溢而来之民族無以名之名之曰流民族二者之較不難立判蓋人情莫不念其祖先尤莫不愛其種姓仁人孝子必由此始黄帝老子曰天道無親常與善人是故堪輿者中國之國粹而實有史以來千聖百賢傳心之學也今當此世界大通之際竹礽先生乃適逢其會大昌明此學

重以其喆嗣瓞民先生善繼志述事家學淵源悉公同
好甯非天佑吾民族篤生聖哲仁孝之士將有大造於
中國前途之徵哉中華民國十四年夏曆臘月寓白門
武進顧實拜序

沈竹礽先生玄空學遺著題詞　蔣智由

天地有元氣山川發其機正以誕聖智雜為蟜走飛形勢森尊卑拱衛儼皇畿衆水前朝宗顧留相因依哲人明其故結構窺精微造化闢竅奧德誠感陞戲齒原與崧高載之上古詩其言啟且正衆術徒繁危治亂演天運如冬夏嬗移地德資厚生乾坤乃分司古有名形家堪輿事異宜絕彼天地通重黎與我期曉說事牽引沾沾枯膠轕宜一掃刮絕獨自窺兩儀務廣或旁涉不庸滌支離沈侯爛沈博深思無不采參闡貞元理河洛窮劃劉孤往搜冥眇精力亦亦疲自成一家言方俟百世

知想當得心時賞奇釋狐疑令予忝通家闢揄揚光基
纍纍羣籍名玉檢銜金匙嘗惜漢藝文今存一何稀期
付剞劂盡無使琳瑤虧蔣章若栓薄自逃祕密為公學
過其儕大公蔑我私庚賡揚曾躋上又管郭窺何有一
切法大鈞獨我師

敬題

竹礽丈玄空學遺著

世間萬事忘機好了了天心共見之心折先生豪雋極

但開風氣不為師成句

熟精地理通天理補種心田即福田欲乞金鍼度流俗

德門何地不牛眠

乙丑八月費樹蔚初稿

錢唐沈竹礽先生傳

太倉唐文治

嗚呼粤匪之難蹂躪徧十數行省江浙罹禍尤酷賊蹤所至四出侵暴鮮得幸免惟一二有道之士能於叢莽荆棘雨雪風霜槍林白刃之中冒萬死出一生以底於安全如予所聞沈君其人者非偶然也君名紹勳號竹礽浙之錢唐人父觀准字竹坪妣氏陳繼妣氏徐欽旌節烈為君之所生妣君生三歲而孤咸豐十一年冬杭城陷君時年十三聞城破母子相持泣賊蹤跡得之挾君去不得返顧途過乳媪某告之曰主母從井死矣君大號欲追詢一語賊持刀脅之噤不能發自是奔竄遷

徙偏嘗諸苦同治元年正月輾轉至松江為洋將華爾所掠編入童子隊隨常勝軍習洋操華爾守松江克慈谿君皆與焉華爾之婦姚長于鄞故桐城籍遇君尤厚顧君自念數年茹苦不死者徒以孫故也今從軍設不幸何以自解於向之聞母殉而不返會華爾陣亡乃至上海就錢業操奇贏顧時以不得家耗為憾什一所入節衣嗇食為覓母骸地前後十年間凡七至杭罄其貲卒不得輒痛哭返引為終天恨華爾之卒也遺產頗饒姚氏援西國例以滬上法租界沿浦地值貲百萬悉以貽君君力辭不受姚卒君經營其喪送櫬至甯波於遺

產絲毫無所私君家未遺難前故毀富徐節母嘗以田契債券寄託某戚家兵燹後為人侵奪吞沒殆盡君亦不之詢生平著作甚富隨華爾戰後以所閱歷著泰西操法六卷地雷圖說二卷李文忠公撫吳時刊于蘇州又有詩文雜著都若干卷藏于家配吳繼配謝皆先君卒續繼配袁有子二長祖縣次祖芬祖縣字飈民被服儒雅邃於輿地之學有古君子風一日袖其先人行狀頓首請傳于予因撮其犖犖大者備後之志乘者採焉論曰辭受取與之間士君子之大節也非辨析乎義利之精者鮮不眩惑當姚氏以華爾遺產授君脫君稍有

依違不難坐擁厚資以分丹穴之利廼岸然不屑寗涸迹市廛以終身彼其廉節有靦近士大夫所難能者矣以十餘齡孤子極瑣屑流離之況卒卓卓有所建樹以貽厥後吁有以也夫

錢唐沈竹礽先生墓表

興化李　詳

治世無奇才以非所須則不生至亂世而才之奇者橫軼突出往往出人聞見之外然其中有遇與不遇天若制之若不制之夫不遇與遇者值其勢足以相攝而託命于遇者之口非忌則抑才雖奇迄不得申其一二才則挫矣奇固在也則不可以不述錢唐沈君竹礽年十三遭咸豐十一年杭州再陷一門殉者七人母氏預焉君落賊中洋將華爾破賊於松江之延喜浜拔君出養以為子教君英語及兵法測繪之學復延師課以中國文字華爾之夫人姚氏詢其家世尤深憐君君宿慧習

知戰事同治元年隨華爾攻克嘉定旋復青浦君先登又以偏師助甯紹台道張景渠克復鎮海甯波以巡檢註選自浙回與潘鼎新約攻金山潘師尚距金山十許里君已克縣城特迓潘歸以首功復隨華爾出吳淞攻克劉河與李恆嵩軍再克青浦改以縣丞用加六品銜其後華爾攻下浙之慈谿中礮隕君負其尸歸殮葬於松江二年姚夫人亦卒君如失怙恃姚未卒時以遺產授值可百萬君卻去姚卒哭泣如禮後改隸白齊文軍白頗懷反側君規以正弗聽白事洩弋登領其眾聘君譯兵法訓練新募之勇戰比勝君年甫十六耳從弋登

會程學啟攻蘇州說下賊中六王在前君先克滸墅關蘇既下李文忠用程學啟計殺六降王戈登誚文忠無信謝去君隨之文忠屬人陰留君不可猶強令君譯泰西操法六卷地雷圖說二卷過山礮圖說二卷飭籌防局印行文忠後官直隸思君前事起君赴北洋差遣於光緒十五年檄赴威海衛旅順查覈海軍軍器良窳令攷實以聞君察海軍器械均法國廠製法商因緣為姦利不如新式者其病匪一作圖說上之又言日本向德廠購置大宗軍火汲汲興復海軍某前在上海見彼國兵輪所用速率快礮均德國新式其水雷尤為堅利我

北洋各輪裝配礮位既舊且少以勢力論敵日尚不能何況英德且日本密邇北洋我要隘各口距彼佐世保港一葦可杭況自台灣琉球朝鮮各役以来狡焉思逞一旦有事北洋首當其衝彼利我鈍勝負不待蓍龜文忠頗韙其說時方移海軍費報効頤和園工程無力改舊至甲午海軍盡燬說乃大驗君上此說時慮為忌者所中以智自免復請開濬遼河上流通松花江支流之伊通河自牛莊至俄屬西伯利亞各地庶幾一水可達立變盛京為富庶之區需費有限獲利無窮文忠年耄畏事亦不能用君自是一意為商賈無復用世心矣君

雖隱于賈日以讀書遣興自傷沈氏自宋迄今代為錢唐冠族遭亂失學僅知父祖以上三代名諱其後乃稍稍知先人名迹著述奔走十餘年揭零丁市上得省一二覲族從訪先人墓址稽其所在創為錢唐沈氏家乘其自序一篇則君于亂離之後述家風陳世德九死獲濟不絕如綫世復知有錢唐沈氏家世者君之功也君此書錯綜史法為世系世德濟美揚芬世尊藝文遺跡先塋徵存九目而統以錄名授其子祖縣足成之皆據古今書籍及名人詩文證成其實不為溢美核之州郡私譜厚誣先人不可上於史官者君書為獨勝此君之

餘事而厲其才之奇一也君私痛華爾夫婦早亡特撰一傳附之家乘戒其子孫歲時祭祀勿絕血食以報養育之恩其不忘本如此君諱紹勳字竹礽卒于光緒三十二年六月得年五十有八配吳謝袁三氏皆封淑人子二祖縣祖芬今惟祖縣存予謂君以弱齡從戎如童終軍不矜其名似屠羊說魯仲連功成而遯跡則如范少伯葛稚川其報華爾夫婦生活之恩別立宮宇以祭又合于魏王修之論四孤獨怪當時公私文牘稱述華爾者略不及君文忠亦人豪無能坐君重席以收燭武之效意斯時淮軍統將布滿畿甸懲以異籍新附參預

其列否則以貧淺蔑之然則奇才之生亂世信宜早見一爲人下必枉其才如君之不遇可鑒也祖繇往乞予文傳君歷二年許未就今擷其大者書之覺胸中所憶者推杜牧之之燕將錄在其才力雄駿曾不能得其彷彿也

沈氏玄空學

四

自得齋地理叢說目錄

論上山下水剋山剋向

論七星打刦

論收山出煞

論三星五吉

論反吟伏吟

論令星入囚

論四十八局

論選擇

論祕密之謬

論諸家得失

補遺目錄

沈氏玄空學卷一

自得齋地理叢說　錢唐沈竹礽先生著

男　祖緜瓞民校訂

旌德後學江志伊編次

緣起

或問吾師於地理學如何入門答曰予年十六即讀地理書後至杭在丁氏八千卷樓餘姚黃氏五桂樓甯波范氏天一閣盧氏抱經樓凡藏是類之書莫不畢讀然於玄空家言雖讀而未得其訣不獨格格不入且墨守三合諸說視蔣氏為洪水猛獸生平慕鄒道

元徐霞客之為人性好遊凡吾國各行省各藩部靡不有車轍馬跡所未至者推衛藏耳辛未冬家居為先君子覓塟地得地於中台山之陽壬山丙向形局之完美實所罕見集大江南地師除宗蔣大鴻一派外羅致八十餘人相之僉云吉壤無何為某宦以重金購去悵悵久之明年春某氏塟其父母開金井時杭諺謂窆棺之穴曰金井往視之見穴暈太極圖分明如畫情更抑鬱塟後某宦父子因案落職發遣卒於途家日零落於是集杭城地師復相之均云吉壤且不犯神煞百思不解其故後餘姚胡伯安姻兄增戊遊杭行篋

中有姜垚祕本云一運之壬山丙向丙山壬向犯反吟伏吟塟之禍立至於是置酒集地師三十餘人討論之均莫明其理而二運以下之反伏吟書中絕不提及僉云偶中而已予昔日輕視玄空理氣之說至是少殺取蔣氏書讀之仍無所知光緒戊寅予年三十乃與伯安之無錫訪仲山後裔居數月不肯輕洩一字許以重金得借觀仲山所著宅斷盡一日夜之力與伯安分抄竣窮年苦思終不得解一日讀易玩洛書圖五入中宮之理豁然貫通後讀仙井胡世安大易則通光山胡煦周易函書益知卦爻錯綜之義

遂將仲山宅斷一一註釋連年購閱易說易註百七十餘種乃知漢宋之派別將昔日所註宅斷重行更正復放筆著地理辨正抉要靈城精義箋地理諸書僞正考總之三合之盤並未有誤誤於後人不知天機死執五運之盤以爲運運如此置八卦摩盪之理不顧好奇者又增加名目爲江湖謀食之具將楊公真理氣一筆抹煞將大鴻得無極子之傳著辨正一書使天玉寶照諸經旨復明於世厥功甚偉推誤解天機之義以爲不可泄漏未將挨星真訣筆之於書貽誤後人亦匪淺鮮耳

志伊謹案　先生著述自丙午歸道山後多爲門弟子分攜以去是編由哲嗣瓞民觀察從　先生筆記及往還尺牘中搜集而成零金碎玉尤可寶貴茲特分類編次俾讀者開卷了然此條爲　先生自述致力之由三合玄空判若霄壤特列簡首以爲緣起學者作　先生之自序讀可也

論羅經

或問羅經之二十八宿二十四山九星有所本乎答曰有江西信州學有石本六經圖仰觀天文圖註云伏羲氏仰觀天文以畫八卦故日月星辰之行度運數十日四時之屬凡麗於天之文者八卦無不統之按圖中斗振天而進令之貪巨祿文廉武破輔弼本之以冬至日起日繞斗牛女虛危室壁奎婁胃昂畢觜

參井鬼栁星張翼軫角亢氐房心尾箕而行此二十八宿之證也又俯察地理圖註云俯察地理以畫八卦故四方九州鳥獸草木十二支之屬凡麗於地之理者八卦無不統之按圖中以離為南坎為北兌為西震為東此四方也又以坎為冀艮為兗震為青巽為徐離為揚坤為荆兌為梁乾為雍中為豫此九州也坎北壬子癸艮居東北在丑寅之間震東甲卯乙巽居東南在辰巳之間離南丙午丁坤居西南在未申之間兌西庚酉辛乾居西北在戌亥之間而二十四山定矣此二圖均用後天

曾廉泉宗沂問在杭領教月餘始知三合之誤盤上卦氣干支出於唐時信州石刻茲得六經圖已無疑義惟蔣盤中諸字紅陽黑陰干則陰陽相間然毫不爽至乾巽艮坤四卦先天卦數乾一巽五艮七坤八則乾巽艮雖為陽而坤則明明為陰後天卦乾六巽四艮八坤二以數論則無一字不為陰而蔣盤為陽此一大疑問也至地支各字既非陰陽相間往往陰字為陽陽字為陰各書均未明言近日宗三合者皆非之究竟其理安在答曰大哉問也此理至今無人道破予曾著說論此然偏於易理不能為不知者道今

姑以易理之淺顯者言之夫盤之體河圖也運之用
洛書也用替卦則挨星也今先言干天一生壬水地
六癸成之則壬為陽癸為陰故一六共宗而居北地
二生丁火天七丙成之則丙為陽丁為陰故二七同
道而居南天三生甲木地八乙成之則甲為陽乙為
陰故三八為朋而居東地四生辛金天九庚成之則
庚為陽辛為陰故四九為友而居西天五生戊土地
十己成之則戊為陽己為陰故五十同途而居中即
所謂陰陽相間絲毫不爽者也若未明此理即屬皮
毛之誅至乾巽艮坤四卦蔣盤字字屬陽此係河洛

之大用蓋一六共宗合之為七奇也故乾屬陽二七
同道合之為九奇也故坤屬陽三八為朋合之為十
一奇也故艮屬陽四九為友合之為十三奇也故巽
屬陽此四卦屬陽之理明矣再言支之陰陽肯以為
陰陽相間者有以為子午卯酉四正為陽寅申巳亥
辰戌丑未四隅為陰者其實皆非也世人之誤在此
世之言命理者猶知支內藏干而講盤理者乃未之
知可怪也昔予作二十四生成合十表以明挨星之
用然人終不易領會今以支中藏干證之如子午卯
酉四正子藏癸午藏丁卯藏乙酉藏辛四干皆陰也

對待亦合十也寅申巳亥寅藏甲丙戊申藏庚壬戊巳藏甲丙戊亥藏壬甲無一字非陽亦無一字不合十也若辰戌丑未辰藏乙戊癸戌藏辛丁戊丑藏癸辛己未藏乙己丁以支論辰戌原係陽土與戊比和丑未原係陰土與己比和乃使其無力而受乙癸辛丁癸辛丁乙之分變納之於陰中以盡天地化育之妙易之用大矣哉

胡伯安曰　先生苦口婆心語以淺近出之其識議實起出漢宋諸儒易學之上真天地間第一妙文學者明此即知北斗七星打刦之法矣

祖綿謹案寅申巳亥四字寅順比甲隔八到丙故寅藏甲丙甲丙陽也故寅為陽申順比庚隔八到壬故申藏庚壬庚壬陽也故申為陽巳順比丙隔八到庚

故已藏丙庚丙庚陽也故已為陽亥順比壬隔八到甲故亥藏壬甲壬甲陽也故亥為陽若辰戌丑未四字辰逆比乙隔八到癸故辰藏乙癸乙癸陰也故辰為陰戌逆比辰隔八到丁故戌藏辛丁辛丁陰也故戌為陰丑逆比癸隔八到辛故丑藏癸辛癸辛陰也故丑為陰未逆比丁隔八到乙故未藏丁乙丁乙陰也故未為陰推寅申巳亥辰戌丑未八字星命家所用遁藏內有戊己羅經中戊己無定位辨明天門地戶之生死皆藉戊己之流通而已

或問羅經所載星宿度數究有用否答曰叢辰之說三代以前已有之然未有如今日之繁多也豈知天文是天文地理是地理二者不能相混易與周官春秋傳均不言叢辰有以為漢時讖緯家所偽造者其說可信盤中度數不若用西洋至天文家所謂三垣二

十八宿二百八十三座星官一千四百六十四星萬一千五百二十微星然以遠鏡窺之天河已恆河沙於今數豈能某山某向與天星相照乎思子謂上律天時下襲水土律天時者即知元運之謂也不曰天星而曰天時時之一字何等明白賴太素催官篇所引叢長之名不過一種好奇之作藉以欺人一言道破不值一笑讀吾宗夢溪老人筆談云天事本無度推曆者無以寓其數乃以日所行分天為三百六十五度有奇予廣其義曰地理無度測地者無以寓其數乃以地所旋日分為三百六十五度有奇而已

或問三垣二十八宿書多引用一旦廢去未免可惜答曰三垣者紫微太微天市是也二十八宿者東方蒼龍七宿角亢氐房心尾箕北方玄武七宿斗牛女虛危室壁西方白虎七宿奎婁胃昴畢觜參南方朱鳥七宿井鬼柳星張翼軫宋吳景鸞玄空祕旨雖略有提及仍以卦理為斷是垣局星度不過如食物之雞肋棄之亦不足惜也

或問天文地理二圖以證羅經所本何以用時方向又須轉移答曰後天卦即五入中宮之盤也氣運不同須顛倒求之如二運坤二入中宮三到乾四到兌五

到艮六到離七到坎八到坤九到震一到巽餘運依此類推　經云識掌模太極分明必有圖此言五入中宮即洛書也然每運入中不同一運一入中二運二入中餘運倣此

或問幕講僧金口訣一元紫午九云云甚難索解蔡岷山朱小鶴周梅梁所註各執一詞宜何從答曰此五運之逆盤也易言陰陽參錯之妙千變萬化惟顛倒二字可以盡之予所見註此訣者不下八九家實無一語得當反將明白曉暢之文滋生疑竇皆不明易理故耳試以五運逆飛圖明之

坤八　酉三　乾四

午一　戊己五　子九

巽六　卯三　艮二

如圖先讀中五黃廉貞向此即五黃入中也巽為地戶逆飛起巽乾為天門順飛自乾六氣巽風扇四通乾豕位二句一氣讀之巽為四綠辰巳屬之巽風也乾為六白戌亥屬之亥豕也巽乾易位豈非四通六扇乎七當甲乙心三居金酉真二句一氣讀之卯為

三碧居甲乙之中酉為七赤居庚辛之中卯酉易位豈非七當甲乙三居金酉乎八則坤猿動二值艮牛輔二句一氣讀之坤為二黑未申屬之申猿也艮為八白丑寅屬之丑牛也艮坤易位豈非猿動而為牛輔乎一元紫午九九居貪狼輪二句一氣讀之一元即一白為壬子癸為貪狼九紫為丙午丁為彌今子午易位豈非一為九紫九輪貪狼乎惟辛亥許同倫句古今以為疑問有謂有訛字者有謂作如是解者均屬不合蓋五運逆行三到酉四到乾四三一氣豈非許同倫乎蔡岷山輩讀書不多師心自用妄加註

釋未明易理故耳予作此解學者墨守前哲之說筆墨往来不啻百數予終堅執成見反覆喻之知我罪我聽之而已　地學心傳十二種係明初刻本亦載此訣與俗本不同訣曰一元紫子午九居貪狼輪八則坤猿動七當甲乙心六氣巽風扇中五定廉貞四通乾豕利三在金酉真二值牛艮輔辛亥許同鄰是較俗本為善矣

或問靈城精義未云有已傳之三盤有不傳之三盤此何解曰已傳之三盤即五運洛書之盤不傳之三盤乃每運令星入中之盤隨運而易所謂玄空是也

蔣大鴻盤中所列之九星可作二十四山各字讀之即五運之盤乾卦三字皆武五黃在中順挨也巽卦三字亦武逆挨也歐陽純謂乾起貪於巽巽起貪於乾令人百思不解不過以貪為九星之首代表九星而已

論父母子息

經云父母陰陽仔細尋即言子息不可兼父母地不可兼天天人雖可兼然亦有父母子息之別

子午卯酉乾坤艮巽之西起壬一字丑一字甲一字辰一字丙一字未一字庚一字戌一字此八子皆向左行皆是四個一即天玉江東一卦從來吉八神四

佪一也子午卯酉乾坤艮巽皆向右行此八位亦是四佪一也癸在子之東亦向右行故癸亥辛申丁巳乙寅八神皆向右行亦是四佪一也甲庚壬丙辰戌丑未為子午卯酉乾坤艮巽之逆子不與父母同行惟乙辛丁癸寅申巳亥為子午卯酉乾坤艮巽之順子與父母同行即天玉江西一卦排龍位八神四佪二也夫逆子即地元一卦順子即人元一卦順逆不同故有可兼不可兼之别可兼者子可兼癸不可兼者子不可兼壬每卦皆然然子午卯酉乾坤艮巽可兼乙辛丁癸寅申巳亥而寅申巳亥乙辛丁癸卻不

可去兼子午卯酉乾坤艮巽以父母可兼子息子息不宜兼父母故也若辰戌丑未地元龍固不可混入人元為用而辰戌丑未山向有乾坤艮巽之水來去又為可用緣乾坤艮巽為辰戌丑未之父母又為夫婦宗也天元一卦包三卦之用故可兼人地而子午卯酉不可兼甲庚壬丙者以父母不可去兼逆子惟逆子可去兼父母耳

志伊謹案溫明遠云如一運以坎為旺坤震為同元一氣是為兄弟坎之中爻為父母邊爻壬癸為子息坤震卦內之邊爻為兄弟之子息來山來水要與父母陰陽一氣純而不雜山龍來脉以主山入首處為父母八方之星辰為子息水龍來脉不一以照穴有情權力獨勝之水為父母八方之枝浜小水為子息

如子午兼癸丁之向坤震卦內亦要收中乙子息之气神不可雜未甲地元子息之氣水之來路雖多總要歸一元三吉之氣三吉之中又要分清天地人三卦之純一不雜若一雜出元卦內之山水非推挨排之玄空五行不能生而且受剋無疑矣所謂父母子息者非定位坎坤震之一元三吉乃玄空流行排出之父母子息也學者參觀此說自明

實照經云子字出脉子字尋莫教差錯丑與壬此言坎宮壬子癸三山壬為地子為天癸為人子癸同屬陰故子字出脉轉癸字可用轉壬字即陰陽差錯矣丑則出卦同在一卦差錯尚不可況出卦乎

論夫婦合十

經云共路兩神為夫婦夫婦即合十之謂世俗但知一

白坎與九紫離對二黑坤與八白艮對三碧震與七赤兌對四綠巽與六白乾對顛之倒之均得合十而不知坎宮藏一二三離宮藏七八九壬為三丙為七癸為一丁為九合之皆十也乾宮藏四五六巽宮亦藏四五六巳為四亥為六戌為四辰為六合之皆十也艮宮藏七八九坤宮藏一二三申為一寅為九未為二丑為八合之皆十也震宮藏一二三兌宮藏七八九甲為一庚為九辛為七乙為三合之皆十也此一卦三山配夫婦之法也

或問先天卦為坤乾後天卦為坎離何也答曰天地之

始水火而已坎水也而中有一陽戊土離火也而中有一陰己土坎離交戊入離中成乾故位乎上己入坎中成坤故位乎下乾之後天離也坤之後天坎也坎一離九合為十中藏戊己五共成十五類推之乾四巽六坤二艮八震三兌七合而為十通戊己之數均成十五先天後天其揆一也

或問洪範之說似與九宮無涉答曰聖人神道設教推假物以明理而不拘於物立象以盡意而不泥於象非神而明之之人其孰能與於斯洪範皇極之建在戊己二字戊己地也環天人之會而建其極故九疇

之數非生成合十樞於中五之皇極而天人交貫於其中者也

或問生成合十究有何等功效答曰天地之數與五行氣通此五與十之數數以數神神以數顯一陰一陽之謂道二氣交感化生萬物生生不已而變化無窮焉而其所以生者實戊己之功用合十者皆藉戊己之力氣運得此則觸類旁通運運貞吉矣

志伊謹案玄空最忌者上山下水最喜者到山到向所謂旺山旺向寅葬卯發者是也 先生於論四十八局言之最詳然自二運至八運天地人三元均有旺山旺向而一九兩運獨無實為缺憾今考夫婦合十則一九運有乾巽巳亥二八運有丑未三七運有癸丁四六運有庚甲中宮八方皆為合十是可補旺

山旺向之缺憾矣願
學者擇而用之可也

論陰陽零正

零正即陰陽之謂章氏心眼指要略露端倪温註較為
詳盡蓋當元之令神為正神與正神對待者為零神
如一運以一白為正神九紫即為零神二運以二黑
為正神八白即為零神三運以三碧為正神七赤即
為零神四運以四綠為正神六白即為零神六七八
九各運以此類推推五運以五黃為正神零神之辨
最難因戊己無定位五黃中前十年寄坤以八白為
零神後十年寄艮以二黑為零神也

志伊謹案温明遠云零正即陰陽正神即當元之旺神零神即出元之衰神如上元一運以一為正神九為零神下元以九為正神一為零神此以陰陽對待為零正也山上排龍要旺星排到實地高山即為正神正位裝向上排龍要旺星排到水裏低處即為撥水入零堂認取来山腦者以明零正二途高低衰旺山水各得耳又云正神指山上排龍者如一運子山得六為乾屬陽順排七到乾八到兌九到艮七八九為上元之衰氣此方宜低宜水不宜高山實地子山必午向得五屬陰逆排到向上是一有水即吉水亦要曲動不直謂之水来當面須深遠悠長而後成龍餘方得二三謂之同元一氣若向中所排一二三之旺星到實地高山即謂之水裏龍神上山不吉所以山上排龍由山排到本元之旺星為正神是方要實地高山水裏排龍由向排到本元之旺星為零神是方要低窪有水而零正無差矣學者參此即可了然

論挨星

經曰二十四龍管三卦即運星為一卦山向飛星各一

卦故曰管三卦此挨星之法也又祖宗却從陰陽出
三句言挨星之法甚明如二運出乾山巽向坤二入
中卯到乾子到巽卯陰為逆盤子陰亦為逆盤中宮
飛入乾山為二二到山矣中宮飛入巽向為二二到
向矣乾巽之陰陽不求之乾巽而求之於子卯蔣註
令人不解
二十四山分五行一節金匱華湛恩著有天心正運
一書言此節甚明凡生入剋入生出剋出比和均列
表詳言之後人見拙註章氏宅斷不明者可讀之
𢎞問天心正運所舉之法章氏不肯輕洩一圖何耶曰

直解中雖不列圖然講得明明白白且心眼指要卷二載有五圖大致已備其傳心變易圖即五入中宮之盤第二層即五飛入乾順挨者也第三層即二十四山第四層即五飛入巽逆挨者也上列一九圖即五運之子午午子盤也二八即五運之丑未未丑盤也三七即五運之卯酉酉卯盤也四六即五運之戌辰辰戌盤也四圖之中一圖即飛星掌訣也條理分明惜學者未細察耳

或問天玉經江東一卦從來吉一段吾師以一四七為江東卦三六九為江西卦二五八為南北卦仍不明

時未知另有他法可證明否答曰此鄧夢覺之說也
學者須神而明之不可拘執所謂一四七者以江東
一卦屬陽順行自一而四而七仍包括二三五六八
九江西一卦屬陰逆行自三而六而九仍包括四五
七八一二南北一卦五入中艮坤為生死之門其實
仍包括乾巽坎離震兌今將此三項分別言之江東
江西飛星時所用南北挨星時所用辨不清白猶不
能得其玄妙蔣註云夫此東西南北三卦有一卦止
得一卦之用者有一卦兼得二卦之用者細細研究
東西二卦即是飛星南北二卦即是挨星不過蔣氏

本肯盡言耳章註謂南北一卦之說八神即坎坤震巽離艮兌乾也共一卦者共此一卦而為九也此共字實係戊己在中而挨星排列之次序章註明白已極惜學者不察耳江東一卦從來吉八神四個一此二句江東一卦即地元卦在坎宮為壬壬屬陽順行八神者即壬丙甲庚丑未辰戌此八神者左不能兼人右不能兼天只有一卦可用故曰一四個者兩個對待之謂也江西一卦排龍位八神四個二此二句江西一卦即天人兩卦也在坎宮為子癸子癸為陰逆行八神者即子癸午丁卯乙酉辛艮寅坤申巽巳

乾亥此八神者彼此可以兼用因陰陽同類也一卦而得兩卦之用故曰二南北八神共一卦端的應無差此二句章氏解之甚明八神者坎坤震巽離艮兌乾共字即指五入中端為端居之端字解的為中的之的字解明明言五入中也總之地理辨正諸家之註往往粘皮帶骨而應註者反略如青囊序開宗一句云楊公養老看雌雄此養老二字註者均未道及養盛也旺也老衰也養老即盛衰之謂字字咬得精細夫然後可讀此書天玉經開宗明義即解替卦挨星飛星之用奧語開宗明義即解替卦都天寶照經

係楊公再傳弟子所著傳授心法而已

或問每運之五黃有作戊陽順挨有作己陰逆挨各運不同何也曰此以入中之運爲的如一運壬子癸入中壬爲陽則五即戊陽子癸爲陰則五即己陰二運未坤申入中未爲陰則五即己陰坤申爲陽則五即戊陽推之三四六七八九運莫不如是陽則順行陰則逆行其變化如此范宜賓輩不知此理竟謂陽四位取陰陽謬矣

或問九星之說仍有疑處曰九星分二種一配卦人人能知之至配二十四山參伍錯綜人不易解排挨之

法仍以五黃入中順行至乾為六為武曲逆行至巽亦為六為武曲讀歐陽純風水一書二十四山配九星表解自然明白歐陽可采者惟此

或問公位房分有諸是否以龍虎諸砂為主曰公位房分覆人古墓知確實無疑全以卦氣為準予註仲山宅斷言之甚詳若以龍虎砂為用則否

或問挨飛星圖每易排錯有何法可使不悞答曰前屢言艮坤為生死之門五入中艮坤為二八四入中艮坤為一七三入中艮坤為九六俗所謂一四七二五八三六九也汝輩並此紫白圖尚不能解因喜讀偽

書不肯在易學上探原故耳凡五黃運之主關在坤艮餘運則在戌己之中

或問辰戌分界之說可信否曰范宜賓分陽分陰實悞於此因元旦盤五黃入中順飛六到乾乾卦三山戌乾亥戌陰也乾亥陽也逆飛四到巽巽卦三山辰巽巳辰陰也巽巳陽也乾為天門巽為地戶順逆挨星由此起原而辰戌為起原之起原故曰辰戌分界

天有三奇地六儀一節引奇門也其挨法即天心各運之挨法予曾作九圖以奇門配之明九運之用其實奇門與挨星二而一者也總之城門一訣收山出煞一訣皆切於實用餘則不過隨時點綴而已

問九宮名目繁多如何便人記憶答曰莫如列表以明之

卦	數	色	星	奇門	九星	尊號	門神名	壇	洪範
坎	一	白	貪	休	軒轅	陽明	天英	玄武	天五行
坤	二	黑	巨	死	招搖	陰精	天任	人門	人五事
震	三	碧	祿	傷	天符	真人	天柱	青龍	人八政
巽	四	綠	文	杜	青龍	玄冥	天心	地戶	天五紀
戊己	五	黃	廉	中	咸池	丹玄	天禽	天心	地皇極
乾	六	白	武	開	太陰	北極	天輔	天門	人三德
兌	七	赤	破	驚	天乙	天關	天冲	白虎	天稽疑

艮八白輔生　太乙　洞明　天芮　鬼路　天廢微

離九紫弼景　攝提　隱光　天蓬　朱雀　五福　人六極

右表凡奇門九星直符圖作坎天蓬離天英坤天芮艮天任乾天心巽天輔兌天柱震天冲係飛星逆盤學者不察此退一位也　又陰陽家八卦變五鬼絕命天醫生氣絕體遊魂福德其卦乾坤坎離震巽艮兌相對而變亦先天之序也　又八卦九宮異名坎生氣坤天醫震絕體巽遊魂中央五鬼乾福德兌絕命艮本宮離天父地母

夏禹甸曰又有八詐門符頭即直符次螣蛇次太陰次六合次句陳次朱雀次九地次九天陰局有

白虎玄武列入此本合陰符經奇門而着重於戎事堪輿書中反為贅疣駢拇蓋各有取爾也

論替卦

或問替卦之法辨正中何以未提及曰實照經子癸午丁天元宮一節章氏直解明白可悟餘亦多散見雙山雙向者即兼左兼右也凡兼向必須用替星非特出卦兼為然即陰陽互兼亦當用替而用替又宜看兼向之多寡如兼一二分者無須尋替若兼三四分者當用替星若向上無水者前十年作本向論後十年作替星論如向上有水不拘前後十年均要從替星流轉之方推斷然皆自飛星加挨論吉凶也若

正兼二向無替可尋即將正向某字飛一盤又將兼向某字飛一盤合兩盤以觀水路之吉凶可也

志伊謹案替卦者挨星也如仲山宅斷寧波府基圖坐癸向丁兼丑未丁上挨星是三到三為乙乙之挨星為巨門故向上挨星不用三而用二入中乙為陰故以巨門入中逆行又 先生自定一穴其筆記云庚山甲向四運大利萬一用於三運內向仍用庚甲外向可兼申寅用替卦因甲上挨星為一一即壬壬挨巨門即以二巨入中順行三到乾以本穴城門在乾為一吉也推至四運當旺時外向仍宜改正庚甲觀此可知替卦之妙用矣

青囊奧語言挨星甚明世俗不解動將貪巨祿文廉武破輔弼九星師心改易未免無知妄作矣

蔣註謂四卦之末各綴一字曰士曰癸此又挨星秘中

之秘可以心傳而不可顯言者也學者參考歐陽純風水一書即可了解温註亦可採

胡伯安問青囊奥語開宗明義四句之義答曰予生平不以歐陽純風水一書為然惟所載無極子授蔣氏挨星圖使學者有所領悟其書即未可厚非奥語首四句楊公僅舉二十四山之半後人不解其理妄加改竄前已歷舉其弊矣茲承下問不厭煩瑣繪成圖說理極淺易閱者不難瞭然

甲　坤壬乙巨門從頭出對宮即艮丙辛位位是破軍　坤壬乙即二一三此上元甲子之統卦氣也艮

丙辛即八九七此下元甲子之統卦氣也　艮坤為生死之門此二句以艮坤二字冠之者以天盤包括地人兩盤也其底理玩圖即知之

巽四 辰巽巳	離九 丙午丁 破	坤二 未坤申 巨
震三 甲卯乙 巨	中五	兌七 庚酉辛 破
艮八 丑艮寅 破	坎一 壬子癸 巨	乾六 戌乾亥

壬地巨
坎一子天
癸人
未地
上元甲子坤二坤天巨
申人
甲地
震三卯天
乙人巨

丙地破
離九午天
丁人
丑地
下元甲子艮八艮天破
寅人
庚地
兌七酉天
辛人破

乙　巽辰亥盡是武曲位此句不言對宮而對宮戌乾巳亦是武曲因中五順飛至乾為六逆飛至巽亦為六故也此中元甲子之統卦氣也巽辰亥即四五六五為戌己無方位上十年旺於戌下十年旺於辰戌乾巳同例乾巽為天地門户悟此可知中央之妙用盤之成理玩此圖思過半矣胡伯安曰巽接武者因四五六逆為六五四餘六宮不能通過其說見歐陽純風水一書

巽四 辰巽巳 武武武	離九 丙午丁	坤二 未坤申
震三 甲卯乙	中五	兌七 庚酉辛
艮八 丑艮寅	坎一 壬子癸	乾六 戌乾亥 武武武

辰地武
巽四巽天武
巳人
中元甲子中五依辰
戌地
乾六乾天
亥人武

戌地武
乾六乾天武
亥人
中元甲子中五依戌
辰地
巽四巽天
巳人武

丙　甲癸申貪狼一路行楊公不言對宮而對宮為
庚丁寅均屬右弼此一地包括二人而言也
觀此則二十四山之挨星得十有八所餘惟未丑子
午卯酉六山矣

巽四　辰 巽 巳	離九　丙 午 丁弼	坤二　未 坤 申貪
震三　甲貪 卯 乙	中五	兌七　庚弼 酉 辛
艮八　丑 艮 寅弼	坎一　壬 子 癸貪	乾六　戌 乾 亥

壬地　丙地
坎一子天　離九午天
癸人貪　丁人弼
未地　丑地
上元甲子坤二坤天　下元甲子艮八艮天
申人貪　寅人弼
甲地貪　庚地弼
震三卯天　兌七酉天
乙人　辛人

丁 未丑子午卯酉六山楊公一字不提於是挨貪挨巨莫衷一是夫子午陰之終始于中藏一二三午中藏九八七故子挨貪午挨弼而卯酉未丑之挨巨破更了然矣

巽四 辰 巽 巳	離九 丙 午弼 丁	坤二 未巨 坤 申
震三 甲 卯巨 乙	中五	兌七 庚 酉破 辛
艮八 丑破 艮 寅	坎一 壬 子貪 癸	乾六 戌 乾 亥

壬地
坎一子天貪
癸人
未地巨
上元甲子坤二坤天
申人
甲地
震三卯天巨
乙人

丙地
離九午天弼
丁人
丑地破
下元甲子艮八艮天
寅人
庚地
兌七酉天破
辛人

以上二十四山之挨星盡矣知挨星之根本即知替卦之妙用姜氏謂舊註以坤壬乙天干從申子辰三合為水局故曰文曲艮丙辛天干從寅午戌三合為火局故曰廉貞之類為謬又以長生為貪狼臨官為巨門帝旺為武曲亦謬誠然惟將天機不可洩漏四字橫亙胷中留十二山不肯說明甚謬尤甚耳

胡伯安又問乾巽子午卯酉丑未之挨星尚未明瞭乞示答曰乾巽兩卦為天門地户順逆行時乾巽為對待觀姜註坤壬乙非盡巨門而與巨門為一例四句自明至子中藏癸癸即貪午中藏丁丁即弼丑與酉

均藏辛辛即破未與卯均藏乙乙即巨明此始能用替卦矣胡伯安曰此條須與論羅經內答曹輝泉一段參觀之

夏禹句曰寶照經取得輔星成五吉蔣註輔星即是九星左輔右弼蓋有二例云其第一例分八明紫白圖者皆知之第二例即庸師所用一行偽術蔣氏辨之是也惜未將正法表出吾今揭之曰其法有二一挨輔星之法即替卦一挨立向消水之用即收山出煞其法亦與替卦同挨得之星於分金時如與六十四卦成反吟伏吟者另移位置細繹蔣註章解自明矣

挨星口訣

子癸並甲申貪狼一路行壬卯乙未坤五位為巨門乾亥辰巽巳連戌武曲名酉辛丑艮丙天星說破軍寅午庚丁上右弼四星臨本山星作主翻向逐爻行廉貞歸五位諸星順逆輪凶吉隨時轉貪

輔不同論更有先賢訣空位忌流神翻向飛臨丙水口不宜丁運替星不吉禍起至臧門運旺星更合百福又千禎衰旺多憑水權衡也在星水兼星共斷妙用更通靈茲列簡表如左

子癸挨貪逆行

文　輔　弼

武　貪　廉

巨　祿　破

甲申挨貪順行

破　祿　巨

廉　貪　武

弼　輔　文

卯乙未挨巨逆行

廉　弼　貪

壬坤挨巨順行

輔　文　祿

破巨武
祿文輔
辰戌挨武逆行
弼文廉
巨武貪
破輔祿
酉辛丑挨破逆行
貪廉武
祿破巨
輔弼文

武巨破
貪弼廉
乾亥巽巳挨武順行
祿輔破
貪武巨
廉文弼
艮丙挨破順行
文弼輔
巨破祿
武廉貪

午丁挨衙逆行　　　　寅庚挨衙順行

祿破輔　　　　武巨貪

廉衙文　　　　文衙廉

貪巨武　　　　輔破祿

論向水

凡卜地先觀山洋堂局完美次將令星與蔣氏元旦盤即五運五黃入中之盤互相對照求其生剋若何俗所謂小玄空者即指此次排山向之令星求其到山到向否華氏天心正運各圖即如此次別盤中零神正神之若何次飛城門一盤運星若何因城門亦隨運變遷者也次以二向消水之用辨

正其可兼不可兼之故然後用分金定其收山出煞則大致不差矣

或問山向俱到城門旺氣亦到收山脫煞按照節氣擇地如此之難可有簡便之法否答曰龍真穴的取向上旺星城門一吉亦可用胡伯安曰旺星到向後身宜坐空推令星當旺時仍須修建之耳

凡立向之道要先辨明來龍天地人三元之局次則排定上中下三元之運然後宜兼貪或兼輔但貪輔者向上來去之水非向上之字也且向上之星與山上之星不同如一白運山上宜上元當令之星到坐山

向上宜衰令之星到水口為吉每運皆然也

凡一九兩運之向最難更無可兼一白運午子勉强可用九紫運推正庚向為上吉蓋九紫是下元之末地元之底如其兼錯未免雜亂反衰而正庚向者以九紫之下有二黑火見土也能得向上乾方有水是一白水不但有制又通上元之生氣故吉

經曰巳山正向流支上夭寡遭刑杖此言支向必須干水干向必須支水始為合法故子午卯酉山向要乾坤艮巽來去之水乙辛丁癸山向要寅申巳亥來去之水為清純不雜如乾坤艮巽山向兼寅申巳亥者

不得子午卯酉来去之水而得乙辛丁癸来去之水亦為可用子午卯酉兼乙辛丁癸者亦如此地元甲庚壬丙山向必辰戌丑未来去之水辰戌丑未山向亦然如辰戌丑未兼乾坤艮巽者子午卯酉来去之水亦可用凡看水之法無論来去仍論元運

凡貪狼有二一為每運起貪狼如一白運一入中即貪狼入中二到乾即巨門到乾此用於挨星者也一為二十四山系於納甲之下互起貪狼實為兼向替卦之用而時師誤用於立向消水者也

二十四山雙雙起山向須分別者以甲庚壬丙乾坤艮

巽寅申巳亥為陽出脉乙辛丁癸子午卯酉辰戌丑未為陰出脉以陽放在水上陰放在山上是為順子一局若陽放在山上陰放在水上是為逆子一局此一山兩用四十八局雙雙起即陰用陽朝陽用陰應之法也將註甚明惟未得其訣易生疑竇耳

或問臨山時宜執定用何術始不悞答曰替卦與出卦之別到山到向與上山下水之別到山到向與反吟伏吟之別通與塞空與實順與逆之別若大地融結堂局聚嚴界能發福乎不能也禍福關鍵在衰旺吉凶凡龍真穴的正結之地當出帝王若犯其凶則為

項羽王莽當出聖賢若犯其凶則為少正卯李贄近世塋地非出卦即差錯非上山下水即反吟伏吟刦運將臨禍甚於猛獸洪水可不懼哉

或問公墓之說能用於中國否答曰周禮墓大夫之制即公墓也近人惑於庸地師之說往往停柩不塟浮厝者累累不如於都會市集擇隙地闢為公墓其法以八卦分界綫處各闢道路闊二丈四尺於二十四山分界綫處亦闢道路闊一丈六尺路之兩旁植以嘉木中央作圓形建屋五楹為葬者奉祀之所四圍繚以墻垣其內外各植不彫之木按元運之興衰葬

之具子孫受此蔭庇亦可産正人君子執之聽命於庸地師實有霄壤之别惟墓之尺寸及造法均須一定否則參參差差如義冢一般今人可厭地下陰溝更當疏通可免水蟻之患亦安厝之善策也

論城門

水交三八即指城門如巽山乾向四山環抱獨子方有缺口水口亦在子此地即可用城門訣用法如子字一運飛星為六六乃乾陽不用二運飛星為七七為酉陰以七入中宮逆飛二到子為旺星到城門三運飛星為八八乃艮陽不用四運飛星為九九為午陰

以九入中宮逆飛四到子為旺星到城門五運陰子仍為陰子以一入中宮逆飛五到子為旺星到城門六運飛星為二二乃坤陽不用七運飛星為三三為卯陰以三入中宮逆飛七到子為旺星到城門八運飛星為四四乃巽陽不用九運飛星為五五為己陰（九為午為陰故五入中亦用己陰也）五入中九到子為旺星到城門總之城門一訣四山缺口多者不能用但用此訣亦須將生剋挨排小心為要餘類推城門一訣諸書註解無透徹者惟溫明遠註無非要將當元得令之星排到城門云予窮思其言始悟得此法

或問四十八局自分運逐一挨排然後深信不疑未知另有他訣否曰惟有城門一訣凡挨星令星上山下水者皆陽入中順行令星到山到向者均陰入中逆行故城門遇陰入中即可將旺星排到如葬時正逢兵亂可排城門一訣若旺星到城門亦可草草下葬否則不如擇空曠之地以當旺之山向暫厝尚能保人家之安吉也

或問玉尺之四大水口蔣氏已闢其謬矣頃見吾師斷某氏墓重言四大水口之妙豈蔣氏亦有誤歟答曰蔣氏不誤予更不誤今日三合家所云辰戌丑未四

大水口只要用於五運即不誤矣因五運此四字均屬陰以城門一訣斷之字字當令豈非全美予昨斷之墓即五運所扦故云四大水口處處當令若他運則不合用矣

或問辰戌丑未四大水口五運用之不誤已明其理然則寅午戌申子辰巳酉丑亥卯未三合之水局五運中亦可用乎答曰否否寅申巳亥在五運中字字陽也子午卯酉辰戌丑未在五運中字字陰也何以能合蔣氏辨四大水口闢宗明義即云夫四大水口有至理存焉可悟五運中之四大水口辰戌丑未也子

午卯酉也乙辛丁癸也明明白白不過蔣氏隱而不顯耳

温明遠云水法曲折灣環重重交錯於二十四山之内大水收入小水合成三义為水之城門立穴定向以城門為重蓋城門為穴内進氣之關鍵若以玄空五行生旺之星排到城門即吉他處稍得衰星亦可轉禍為福若城門輪到衰死之星即不免凶矣

論上山下水到山到向

今之譚玄空者能知不出卦矣然上山下水絕不之知竟有誤為到山到向者毫釐之差失之千里矣經云山上龍神不下水水裏龍神不上山言上山下水何等明白如二運之乾巽為到山到向若戌山辰向則

上山下水矣今人墓地卜宅竟有用戌兼乾乾兼戌者實不知運會耳志伊謹案二運乾山巽向運盤二入中三到山一到向再以山上之三入中逆飛二到山又以向上之一入中逆飛二到向是為到山到向若二運作戌山辰向以山上之三入中順飛二到向以向上之一入中順飛二到山是為上山下水蓋天元三為卯一為子皆陰逆行地元三為甲一為壬皆陽順行逆行則到山到向順行則上山下水矣

青囊序云山管山兮水管水即言到山到向天卦江東掌上尋一段亦言到山到向蔣氏云略指一班春光漏洩予謂略指一班則一文不植也　立向最忌上山下水乃往往犯此亦發者其地必龍真穴的又得向首與入中之卦合十併有一二節連珠吉水可通

相照故發耳然福来不全禍来甚速豈能如旺龍旺向之悠久不替乎

論七星打刦

天玉經云識得父母三般卦便是真神路北斗七星去打刦離宮要相合蔣傳云識得三卦父母已是真神路矣猶須曉得北斗七星打刦之法則三般卦之精髓方得而最上一乘之作用也章氏直解云父母是經四位之父母三般是坎至巽巽至兌兌至坎顛倒顛之三般北斗者隨時立極之氣也七星者由現在而逆推到第七也此處五行正與立極之氣相反最

易發禍要相合者要使發禍者變而為發福其說何等明白尹一句輩不明此法紛紛推測於打卦精髓無關推溫氏續解云既明玄空三般大卦經四位起父母之秘再能以山水形氣生剋制化之理通之豈非最上一乘之作用乎由現在推到第七者一逆數至四四逆數至七皆七位也二五八三六九同例伊案同例者離與乾震坎與巽兌均有一四七二五八三六九之三般卦到也此處五行與立極之氣相反最易發禍者如上元一運立極之玄空五行豈能與中元四運下元七運立極之玄空五行相合元運相反形氣變更發禍可必轉能發福者要

在所立之山向處處合吉耳其說足與章氏相發明總之真能打刼者僅有坎離二宮經云離宮要相合者此也如坎宮之子癸離宮之午丁山向飛星五運則到山到向一九則打刼壬丙丙壬五運則上山下水一九運到山向雖二一却不能作未來之氣論以犯反吟伏吟故也若二八三七四六等運其飛星均一順一逆順則由離而坎逆則由坎而離一種流行之氣均能由現在之運以刼未來之氣例如飛星盤一運之子午午子均有二字到山或到向二者未來之氣也在一運中能刼而用之二運則壬丙丙壬子

午午子癸丁丁癸均有三字到山或到向三者未来之氣也在二運中能尅而用之餘運照此類推凡順逆以山向之空實為斷且須按形局而用理氣稍有不合即易發禍盖陰陽二宅南北方向最多有此造化之功以補之真玄之又玄令人不可測度其他山向亦能以山峯水光用打尅法推功效不能如坎離二宮之大耳

或問北斗打尅何以僅用坎離二宮荅曰如一運子山午向山上飛星順行二到山二者未来之氣也乾宮山向飛星為四七震宮山向飛星為七四離宮山向

飛星為一一合成一四七三般卦此即經四位之義故癸丁辰戌庚甲亦能用之或謂辰戌庚甲山向飛星無二到豈能刦未來之氣不知離乾震三方均合一四七則上中下三元之運已能觸類旁通矣何不可打刦之有

韓崑源曹秋泉問前談打刦法業已明了閱章解反生障礙究竟若何答曰章解明白曉暢惟其訣仍未說明致生疑惑上月予在蘇晤仲山後裔於打刦法亦茫然為之解釋始悟蓋乾巽二宮為天門地戶於打刦最有關繫坎離二空除五運外無論何運均一順

一逆凡旺星到向者乾上飛星與離宮相合為真打刦若旺星到向巽上飛星與坎宮相合為假打刦相合者即一四七二五八三六九之三般卦也一九逕之丙壬壬丙不能打刦者一為數之始九為數之終其氣未免不淨且犯反吟伏吟故也茲列打刦真假二表於後凡遇真打刦墓之自能發福總須視乾上形勢若何而定假打刦有時亦可用惟須視巽上形勢若何耳若五黃入中之運子午午子皇極也太極也尊無二上其挨星為二五八其飛星為三六九一四七其氣滿盤顧注而乾巽二宮之飛星又為二八

與中宮之五合成二五八此時若有大地及時葬之吉不可言矣若卯酉酉卯乙辛辛乙辰戌戌辰丑未未丑八山向名曰三元不敗蔣氏所謂最上一乘之作用也

曾秋泉問近在蘇城晤仲山後人商推北斗打刦之法始終不露隻字相處日久允以執事之奥語第一節解釋相交換始謂此係奇法囑立誓不得洩漏否則必犯天譴彼曾偶洩此法是年家中病人不少亦姑妄聽之而已彼云今年三運丙山壬向午山子向均能打刦與執事之說不合一再辨論始終以天機不可洩漏相搪塞究係何故請高明決之答曰胡伯安

藏有姜垚從師隨筆云吾師（指蔣大鴻）在魏相國家中得秘笈諸法皆能了了獨於北斗打刦未載故註天玉經不敢明白載明一日告予北斗打刦即坎離二卦是也予窮思深究知用坎者與巽兌成三般卦用離者與乾震成三般卦再問之先生微笑僅謂予可與言道矣思得其半矣細繹仲山解釋此法實本姜氏之隨筆予則以為思得其半知此法如能用坎則不能用離能用離則不能用坎二者不可得兼如本運丙山壬向離宮為七（四二）坎宮為八（三三）以四為未來之氣刦而用之是也子山午向離宮為七（三三）坎宮為八

二四以四為未來之氣尅而用之亦是也始終不能決定乃歷訪人家塚墓始明用離合而用坎不合且令星非居向首不可尅奪未來之氣斷非三運能奪四運五運能奪六運之謂實上元可尅中元中元可尅下元之謂也其法均出於易以圖證之可一目了然細玩天玉經亦能徹底明白經云識得父母三般卦便是真神路北斗七星去打刦離宮要相合父母三般卦者即一四七二五八三六九之謂也三般卦者一二三二三四三四五四五六五六七六七八七八九八九九一之謂也此節着重父母二字是言父母之

三般卦非三般卦也可知刦奪未來之氣指元而言非指運而言也真神路即隔四位起父母是也離宮要相合言離宮必須合三般是也後又悟乾震二宮亦能用打刦法與離相同

北斗七星打刦表

一運	天元	子山午向	離乾震三方	一四七
	人元	癸山丁向	同	同
	地元	辰山戌向	乾震離三方	同
		庚山甲向	震離乾三方	同
二運	天元	酉山卯向	同	二五八

人元　辛山乙向　同　同
地元　壬山丙向　離乾震三方　同
三運　天元　子山午向　同　三六九
人元　癸山丁向　同　同
四運　地元　辰山戌向　同　一四七
壬山丙向　震離乾三方　同
六運　天元　子山午向　同　三六九
巽山乾向　離乾震三方　同
人元　巳山亥向　同　同
癸山丁向　震離乾三方　同

七運　地元　壬山丙向　乾震離三方　一四七
八運　天元　子山午向　同　二五八
　　　人元　癸山丁向　同　同
　　　地元　庚山甲向　離乾震三方　二五八
九運　天元　酉山卯向　同　三六九
　　　　　　巽山乾向　震離乾三方　同
　　　人元　巳山亥向　同　同
　　　　　　辛山乙向　離乾震三方　同
　　　地元　壬山丙向　乾震離三方　同
以上二十四局離宮相合為真打刦內除四運之

辰戌六運之巽乾巳亥九運之壬丙四局犯反吟伏吟不用　三運之午向乾宮宜空六運之午向震宮宜空九運之卯向乾宮宜空

一運	天元	卯山酉向	兌巽坎三方	一四七
		乾山巽向	巽坎兌三方	同
	人元	亥山巳向	同	同
		乙山辛向	兌巽坎三方	同
	地元	丙山壬向	坎兌巽三方	同
二運	天元	午山子向	同	二五八
	人元	丁山癸向	同	同

　　地元　甲山庚向　兌巽坎三方　同
三運　地元　丙山壬向　坎兌巽三方　三六九
四運　天元　午山子向　巽坎兌三方　一四七
　　　　　乾山巽向　兌巽坎三方　同
　　　人元　亥山巳向　同　同
　　　　　丁山癸向　巽坎兌三方　同
六運　地元　戌山辰向　兌巽坎三方　三六九
　　　　　丙山壬向　巽坎兌三方　同
七運　天元　午山子向　兌巽坎三方　一四七
　　　人元　丁山癸向　同　同

八運　天元　卯山酉向　同　二五八
　　　人元　乙山辛向　巽坎兑三方　同
　　　地元　丙山壬向　兑巽坎三方　同
九運　天元　午山子向　同　三六九
　　　人元　丁山癸向　同　同
　　　地元　戌山辰向　坎兑巽三方　同
　　　　　　甲山庚向　巽坎兑三方　同
以上二十四局坎宮相合為假打刦內除一運之
丙壬四運之乾巽亥巳六運之戌辰四局犯反吟
伏吟不用

曹秋泉又問北斗打刦運星長短與到山到向同否載之乾山乾向乾水乾峯四局力量如何答曰到山到向以運星入囚為衰極死極之氣僅向首一星到者則以向首對宮之星（即坐山之今星）入囚為囚北斗打刦亦同此法歷觀興敗冢墓自然了悟茲將打刦向首入囚列表如下

七星打刦入囚表

一運	子山午向（癸丁同）	九運囚	九運山上飛星為九凶不宜修改
	辰山戌向	三運囚	三運向上飛星為三吉宜修改
	庚山甲向	六運囚	六運向上飛星為六吉宜修改

二運　壬山丙向　一運囚一運山上飛星為一為反伏吟不宜修改

酉山卯向辛乙同　七運囚一運向上飛星為七吉宜修改

三運　子山午向癸丁同　二運囚二運山上飛星為二凶不宜修改

四運　壬山丙向　三運囚三運山上飛星為三凶不宜修改

辰山戌向　犯反伏吟不用

六運　子山午向癸丁同　五運囚五運山向飛星俱五吉修造大利

巽山乾向巳亥同　犯反伏吟不用

七運　壬山丙向　六運囚六運山上飛星為六凶不宜修改

子山午向癸丁同　七運囚七運山上飛星為七凶不宜修改

八運　庚山甲向　四運囚四運向上飛星為四吉宜修改

九運　壬山丙向　犯反伏吟不用

巽山乾向巳亥同　二運囚二運向上飛星為二吉宜修改

酉山卯向辛乙同　五運囚五運向上飛星為五吉宜修改

以上為離宮相合真打刦共二十四局除反伏吟不用者四得二十局仍須按虛實形勢生剋制伏而用之在人心眼敏活而已至打刦法不過難於卜地時用之較到山到向已覺不及遑論乾山乾向乾水乾峯之四局哉

志伊謹案七星打刦經云離宮要相合是言三般卦必與離宮相合未嘗言坎也自章氏仲山言三般為坎至巽巽至兌兌至坎顛倒顛之三般是言三般卦與坎宮相合而不言離溫氏明遠遂言真

能打刦者謹有坎離二宮　先生初亦用章溫之說至晚年始悟合在離者為真合在坎者為假并悟刦奪指未來之運非指未來之氣實與經旨相合並兼輯真假二說并立二表以明之以坎宮相合章溫二說學者沿用已久俾熟玩先生晚年學說真假判若天淵再能多證名墓自能毅然不惑矣　又案全局合十既能運運貞吉若一局而得一四七二五八三六九之三般卦使三元九運之氣皆通其貞吉當與全局合十等如二五八運之艮坤坤艮寅申申寅四六運之丑未未丑皆全局合成三般卦是又於坎離打刦中別創一格者目為上乘作用誰曰不宜

論收山出煞

或問七十二穿山辨正從未提及恐係偽說答曰天玉經言收山出煞四字包括殆盡實照經名為穿山虎特辨正未言其訣惟用法與羅盤所載不同不可以

羅盤之法為法且靈城精義理氣章言之鑿鑿淺而易明所云分金分經則来與坐之所由分又云分金有轉移之巧又云中氣當避故乘氣取三七放棺旺氣宜乘故分金亦取三七加向又云局内看三合向上看雙金又云制煞莫如乘旺脫煞正以扶生而發源章亦詳實言之其法以二十四山之九星天星十二龍坐度分金按入節候以定之如子山屬水星為貪狼為帝座為虛（此即孤虛旺相之虛）節候為冬至而冬〻至又分三候上候丙子水坐坤卦用丙子分金兼壬二三四五六分女土七八九十十一度吉餘凶中候戊子

火坐復卦不用下候庚子土坐頤卦用庚子分金兼癸二三四五六七分女牛星四三二一八七十一度吉餘次吉在壬則在大雪癸則在小雪蔣氏用以收山出煞蓋以一山管一節氣每節氣另有卦氣每節分三候每候五日有奇其正中大都棄而不用首尾十日有奇可用青囊經中卷註解甚明惟不肯明白揭出耳又賴大素催官篇評穴章亦係定穴時分金之用將分金表與賴書亘相對照自明

或問八煞之說若何答曰八煞之說起於易之占筮與地理無涉今三合家宗之而源流均未深悉若以二

十四山爻爻配合即知其說之謬蔣氏雖闢之然未將謬處辯正是為可惜今臚舉於下以二十四山字字對照即可一目了然矣八曜煞訣曰坎龍坤兔震山猴巽雞乾馬兌蛇頭艮虎離猪為煞曜墓宅逢之一時休凡八純卦中六親剋本卦者即為煞曜煞曜為官鬼萬不能執定官鬼即為煞曜因官鬼有時有吉有凶故也執定以官鬼為煞曜卜筮尚不可何況地理如一坎龍坎水內卦初爻戊寅木二爻戊辰土三爻戊午火外卦四爻戊申金五爻戊戌土上爻戊子水因戊辰土能剋坎水辰屬龍故曰坎龍葉九升

又謂坎宮有二鬼爻因戊戌亦坎宮煞曜也二坤兌坤土內卦初爻乙未土二爻乙巳火三爻乙卯木外卦四爻癸丑土五爻癸亥水上爻癸酉金因乙卯木能剋坤土卯屬兔故曰坤兌三震猴震木內卦初爻庚子水二爻庚寅木三爻庚辰土外卦四爻庚午火五爻庚申金上爻庚戌土因庚申金能剋卯木申屬猴故曰震猴其餘按占法推之無庸多贅所不合者以占法用於地理耳

或問分金時何以不用後天卦答曰文王後天六十四卦非明體也乃入用之位故不用後天方位蓋大體

已立分金則細微事耳

或問分金時所用甲子甲戌甲申甲辰甲寅五位用法若何答曰此納音也每爻藏金木水火土五行取不足宜補有餘宜洩而已與先天六十四卦當互相對照求無反對可矣　張心言謂六十四卦蔣氏不露隻字豈知挨星盤盤皆六十四卦惟張氏所言之六十四卦只可於埜時分金用之所謂交不交是也總之分金正法宜將六十四卦中與運星無反伏吟者用之斯盡善矣

或問張心言辨正疏載方圓二圖謂邵氏所得陳希夷

者然否答曰按六經圖即有此圖註云右伏羲八卦圖王豫傳於邵康節而堯夫得之歸藏初經者伏羲初畫八卦因而重之者也其經初乾初奭（坤）初艮初兌初犖（坎）初離初釐（震）初巽卦皆六畫即此八卦也八卦既重爻在其中其圖與張心言所載者絲毫不爽張氏謂邵氏得之陳希夷不知所本六經有六十四卦天地數圖與王豫所傳之圖同不過無卦名而以數字代之如否為一八萃為二八晉為三八豫為四八觀為五八比為六八剝為七八坤為八八餘類推此圖收山出煞當用之

志伊謹案　先生分金法晚年止用章仲山心眼指要所載蔣盤圖於二十四山下每一山分作兩格載明甲子　先生則分作五格左右中三格無字中格兩旁仍列原有甲子其實無字之格暗含甲子特省文耳如天人兩元兼向者分金時範圍較廣推地元分金最難用左邊有字處即出卦右邊有字處即陰陽差錯惟中格無字處方免此弊時師不明此理以為無字處為空亡不用謬矣

論三星五吉

或問何謂三星五吉答曰三星者每運入中之令星山向所到之飛星是也五吉者即替卦因一卦有兩卦之用山向之飛星有四合以元運之令星故云五吉也細參都天寶照經蔣註自明　一說上元一二三為三星以輔弼龍來兼取入穴中為五吉中元四五

六為三星以貪巨龍来兼取入穴中為五吉下元七八九為三星以貪武龍来兼取入穴中為五吉亦須較其靜動生剋而用之耳

論反吟伏吟

或問反吟伏吟之卦若何答曰反吟伏吟共有十二山向如一九運之壬丙丙壬雙一雙九到山到向二八運之艮坤坤艮寅申申寅山之二八到向向之二八到山三七運之甲庚庚甲山之三七到向向之三七到山四六運之巽乾乾巽巳亥亥巳雙四雙六到山到向五運之艮坤坤艮寅申申寅山五到向向五到山是也其禍害較上山下水為尤甚犯此主家破人亡如一運

壬山丙向一白入中五到離再以五入中順行一到山令星一入中二十四山方位壬即坎一水裏龍神上山亦為坎一即謂之反吟伏吟餘類推

或問反吟伏吟如何記憶曰二八運坤艮宮三七運震兌宮四六運巽乾宮一九運坎離宮凡山向之飛星順行則為反吟伏吟逆行則為到山到向辨別甚易

論令星入囚

令星入中謂之囚陰陽二宅逢囚即敗然有因得住囚不住之別如一運立戌向運星二到向至二黑運即囚矣但要坤方陽宅有門路陰宅有水則不能囚蓋

坤方為五黄所臨故也餘仿此推惟五黄入中則不因盖五黄中土也至尊也皇極也何因之有

凡到山到向係勾格小地其運之長短於向上求之如一運立戌向運止二十年此小三元也若中吉之地城門八國處處二字飛到可得一百八十年若係大地来脉綿長又得生成合十可得五百四十年重之則一千零八十年此大三元也

志伊謹案地運之長短即於向星之入囚定之如二八運之巽乾巳亥三五七運之辰戌皆旺也然運止二十年若乾巽亥巳戌辰則一百六十年三五七運之卯酉乙辛四六運之甲庚皆旺也然運止四十年若酉卯辛乙庚甲則一百四十年四六運之坤艮申寅三五八運之未丑皆旺也然運止六十年若艮坤

寅申丑未則一百二十年五運之子午癸丁皆旺也然運止八十年若午子丁癸則一百年壬丙皆無旺運然丙向得八十年壬向得一百年此小三元年運之大致也

論選擇

或問蔣氏不講三煞太歲有諸答曰天元五歌云渾天寶照候天星此是楊公親口訣不怕三煞太歲神（于氏地理錄要作不怕三煞與都天）陰府（于氏作符）空亡俱抹煞又云五行俱是陽中氣神煞何曾別有名只將日月司元化萬象森羅在掌心此為蔣氏不怕神煞之本推用玄空於五黃入中之年忌修造此五黃非叛五黃也如九紫丙午丁山對宮為一白壬子癸向以一白入中宮之

年為五黃壬子癸山對宮丙午丁向以九紫入中宮之年為五黃餘類推總之玄空以收山出煞為重而以神煞為輕　太歲不可犯而與挨星關會其驗如神其法以原造之地盤同尋臨之天盤相參並論惟太歲子年在坎丑寅年在艮卯年在震辰巳年在巽午年在離未申年在坤酉年在兑戌亥年在乾此為地盤一定之太歲也其加臨者如酉年太歲占兑再遇年星五黃入中七赤到兑則兑為年盤太歲併臨之地修造犯之大凶餘可類推

或問蔣氏天元五歌選擇一卷其意何居答曰一言以

蔽之運紫白年紫白月紫白日紫白時紫白物物一
太極而已明此理此卷即能解
或問天月德有關理否答曰無關漢書言堪輿家非指
形家言乃指選擇言耳想漢時言堪輿者其選擇用
紫白圖而已今曆書猶沿用之與選擇極有關係蓋
天德者周天三百六十五度二十五分外除十二宮
分野每宮三十度計三百六十度外有五度二十五
分散在十二佐宮甲庚壬丙乙辛丁癸乾坤艮巽內
謂之神藏煞沒每宮各得四十四分如甲卯。卯中有甲庚酉。酉中有庚丙午。午中有丙壬子。子中有壬丁未。未中有丁癸丑。丑中有癸乙辰。辰中有乙辛戌。戌中有辛乾亥。亥中有乾坤申。申中有坤艮寅。寅中有艮巽巳。巳中有巽此天德也因天德陽之德故正月起自乾卦之前一辰亥上順行乃正月亥二月子三月丑四月寅五月卯六月辰七月巳八月午九月未十月申十一月酉十二月戌月德陰之德日月會合之辰也故正月起自坤卦之後一辰未上順行乃正月未二月申三月酉四月戌五月亥六月子七月丑八月寅九月卯十月辰十一月巳十二月午此天月德之理今三合盤皆用之而不知其所以然夫流行之氣運運不同三合家未免膠柱鼓瑟矣或問欽定修造吉方立成一書若何答曰此書自嘉慶二十五年起每年由欽天監刊發至光緒二十五年後停止以監中清苦不勝賠累故也其書即採擇協紀辨方中語不過簡便使人易知耳

論四十八局

二十四山分順逆共成四十有八局此二句誤解者最多尹一句註實照天元節翻出四十八局更謬蓋四十八局者乃三元中自二運至八運山上旺星到山向上旺星到向共得四十八局耳如二八兩運之乾巽巽乾巳亥亥巳丑未未丑三七兩運之辰戌戌辰

卯酉酉卯乙辛辛乙四六兩運之甲庚庚甲艮坤坤艮寅申申寅五運中之子午午子癸丁丁癸卯酉酉卯乙辛辛乙辰戌戌辰丑未未丑是也如將二十四山左右分配恐不能勉湊此數惟一九兩運無旺星到立向最難非名手萬不敢輕下也

天玉經乾山乾向水朝乾乾峯出狀元此指二八運中之乾巽巽乾坤山坤向坤水流富貴永無休此指四六運中之艮坤坤艮卯山卯向卯源水驟富石崇比此指三七運中之卯酉酉卯午山午向午來堂大將值邊疆此指五運中之子午午子註家紛紛均夢囈

也　問乾山乾向水朝乾乾一節不能自圓其說究誤
否答曰乾字乃一代名詞也如現在三運卯山酉向
三到山三到向城門飛星亦三八國盤上飛星亦三
此所謂乾山乾向乾水乾峯也餘類推

胡伯安曰乾山乾向水流乾乾峯出狀元此救法耳不論何運何山何向只要山向飛星合令星城門亦合令星高峯又合令星均可作乾山乾向乾水乾峯論讀者不可泥看

或問四十八局如此解釋三合家視為穿鑿附會固無足怪不圖無錫章氏一派亦不以為然何也曰能明龍分兩片陰陽取一句細讀青囊經奧語會序天玉原文自然明白再將二十四山向分運逐一挨排更

當了然若墨守蔣章註解自然反生疑竇推上虞有老地師汪某家藏秘本所論四十八局正同可謂先得我心者矣

問五運中何以有十二山向可用答曰天地至奇之理莫如易五運五入中太極也皇極也故天元龍有子午午子卯酉酉卯四山向四正也地元龍有戌辰辰戌丑未未丑四山向四隅也人元龍在天地之中又有乙辛辛乙丁癸癸丁四山向造化之妙有人力所不可測者矣　問二八三七四六此六運各得六局獨五黃得十二局何故答曰未明易理並未明盤理

故未能解此極淺之理五運元旦之盤也五運五入中挨星字字不動各字比和子癸丑陰也卯乙辰陰也午丁未酉辛戌亦陰也陰與陰比和均屬逆盤故得十二局也　問五運既有十二局然則辰戌丑未四地局必可兼乙辛丁癸四人局矣答曰萬不可兼雖同屬陰局究犯出卦楊公所謂出卦家貧乏此言竟忘之耶俗見以為一卦得兩卦之用不可信如兼用時惟替卦可從耳

論秘密之謬

或問天機不可洩漏予獨洩漏殆盡何也曰楊公天玉

經惟有挨星為最貴漏洩天機秘一節下有天機安在內安在外云云細繹之此天機實指卦理天運而言蔣註以為天機秘密不可洩漏此俗儒之見耳

或問如公不守秘密玄空之術大明於世後人按圖立向富貴家得地更易而作威作福者舉世皆是何以稱之答曰得地首在積德若子孫不能積德終遭天譴予生平目擊者有六　一吾鄉王姓二運辛卯年葬一乾山巽地甲午子捷秋闈遂橫行鄉里丁酉年墓為蛟水冲破次年子入京應試竟客死伊案乾巽二運當旺山上飛星四到巽甲午年上飛星六到巽為四六合十山上飛星二到乾甲午年上飛星八到乾為二八合

合十巽向本一四同宮又加年上飛星與山向合十所以秋捷也　一上虞北鄉某八運扦丑山未穴子孫繁盛富甲一鄉而多行不義至一運未年陰木為大風拔去連年喪丁財亦日絀　一杭州西溪某紳二運葬丑山未地旺丁旺財科名亦盛而某紳在任貪酷三運初有人於其來龍葬一穴其家遂敗　一蘇州七子山下某姓二運甲申年葬甲山庚穴城門在未以八入中二到未得城門一吉葬後補吾省某縣缺七莽殺無辜忽墓前大樹為風拔去某遂革職　一寧波阿育王寺山附近有楊姓墓巽山乾向二運乙酉年扦財丁兩旺楊某重利盤

剩與上海會審委員某相結負債愆期必押追癸巳年終因錢債逼死兩命次年甲午日人犯順當道以該山地當要道駐兵其間墓爲圈入楊某一家是年冬均患喉證死　一嘉興陳善人地乾山巽向八運扦財丁兩旺惟不發科名二運乙酉年里中無賴子習堪輿藉端索詐不遂乃於艮方置一天燈是年其裔孫竟捷秋闈（伊案八運向上飛星四到艮二運乙酉年上飛星一到艮是爲一四同宮）

答蔡燕生太史書　得手書正擬拜覆而曾廉泉自京來述足下謂某對於玄空之法喜於稠人廣坐中津津樂道泄漏天機殊失楊蔣宗旨此後甚望謹守秘

密穩口深藏云云某竊以爲足下誤矣夫奧語天玉寶照諸經楊公所謂秘密所謂天機細繹原文是一種授受心法蔣氏之註乃一孔之見不足爲訓昔林鶴亭謂蔣氏偶獲秘本居奇自炫然行其術未窮其理習其成法未解其變通道未盡明故終身不敢宣其說以問世可謂切中蔣氏一生病根非若紀大奎之肆口謾罵者可比夫蔣氏著辨正冠以青囊經經中固未言守秘密也曾序中亦未言守秘密也自姜汝皋註奧語生出無數障礙然得訣者皆以一文不值視之姜氏誤以奧語二字即作秘密解耳且書中

翻天倒地對不同秘密在玄空二句言秘密為玄空之妙用非言天機須守秘密也天玉首節端的應無差句明白曉暢而蔣註謂秘密寶藏非真傳正授不能洞悉其妙穿鑿附會一至於此又翻天倒地對不同秘密在玄空二句與奧語同此節對字何等重要而蔣氏並未道破乃以陳陳相因之秘密深藏等語欺人殊失楊公著書救貧之本旨又仙人秘密定陰陽句稍知挨星者即能定此陰陽蔣氏對此句自知不能欺人故於秘密二字輕輕放過不敢推波助瀾豈天良猶未泯耶又惟有挨星為最貴泄漏天機秘

一節天機即天心之謂天心即令星入中之謂楊公明明欲人知此天機深願泄漏並非祕密深藏而蔣氏竟敢妄斷謂天機祕密不可傳世但可偶一泄漏但可二字不知從何說起其欺人亦太甚矣又不說宗支但亂傳開口莫胡言二句何謂宗何謂支此種應有儘有之字面蔣氏絕無發明蓋楊公之意以為傳人須先傳宗支宗支不明即不能起父母能明宗支乃能起父母其言何等簡明自蔣氏註後反生疑竇矣又五行位中出一位仔細祕中記一節此祕字戒地師用時不可疏忽耳蔣氏以為此中有祕當密

密記之全與本文相反至世人不識天機秘洩破有何益一節楊公蓋以當時邪說横行卦理不講已久彼得邱公真傳欲傳於世恨無知音一得曾氏引為知己故致其一唱三歎之意而蔣氏竟註以泄天寶者重違先師之戒其不干造物之怒而自取禍咎者幾希矣都天寶照恐非楊公所著且經後人改竄若無善本從事校勘其開卷即云楊公妙訣不多言實實作家傳天下豈有著書之人而自稱公者乎其為門弟子作明甚實實作家傳言無一語不實非如江湖術士大言以欺人耳又云楊公妙訣無多說因見

黃公心性拙一節黃公爲五代朱温軍師黃妙應係楊公弟子師稱弟爲公更無此理此書爲楊公弟子所作更無疑義楊公因妙應心性之拙故以掌上起星辰之法授之具循循善誘可知更何有謹守秘密之可言哉其中篇則論到山到向上山下水言簡而明其時人不識玄機訣一段恐後人誤解玄機以爲必到山到向然後可用豈知上山下水有時亦可用特舉空實之龍以明之所謂玄而又玄之法也又玄機妙訣有因由向指山峯細細求一節即解釋八國城門之義又天機妙訣本不同八卦只有一卦通此

即天玉乾山乾向水流乾乾峯出狀元之意所謂乾山乾向乾水乾峯其用法即為天機妙訣也又云筠松寶照真祕訣父子雖親不肯說此門弟子贊美之詞亦自炫其授受之難而已又俗夫不識天機妙自把山龍錯顛倒一節此言飛星挨星之功用由此觀之楊公及其門弟子之所謂天機者是一種授受心法非言天機不可輕洩也蔣氏不明此理解得恍恍惚惚於是貴省贛州之曾氏豫章之鄧氏福建驥江之鄭氏江蘇無錫之章氏其子姓目為秘傳藉為謀衣食之具致學術愈晦陰陽差錯釀成天下亂機某

故不惜口舌之勞逢人說法俾趨正路予與民有言予豈好辨哉予不得已也苦口婆心思挽回氣運於萬一並願賢者以予法為法今後莫再言謹守祕密幸甚

蔡太史答書

燕樹吳雲無時聚首悵望故人忽獲賜書喜出望外且得諍友訓迪良多足下存心忠厚求之今人不易多得惟弟仍不能無疑者杜陵非以玄空為獨得之祕惟傳人不可不慎辨偽原文詳矣特恐傳非其人而江湖之士炫術欺人於是慎之又慎而已今足下不穩緘口深藏執途人而語之但恐

偽託者日多使楊公正傳反因之而晦此僕不能無慮者也

再答蔡太史書

執事太過慮矣今之執羅盤者正人少而江湖之士多此輩庸人信之者多如一席之談略知一二不至出卦不犯差錯能知上山下水能知反吟伏吟其餘深奧之說姑且不論此輩如能拳拳服膺為人塟地總比用三合盤高出萬一無如中毒已深不可救藥以僕所見稍能自拔者千人中不過一二而已若再不言則楊公真理晦之又晦莊子謂日月出而爝火息世已永夜能有爝火尚留一綫

光明不較愈於永夜乎

論諸家得失

予昔年習三合嗣因中台山擇地大起疑竇後讀蔣氏平砂玉尺辨僞始知三合之無根據乃棄而習玄空余世之習玄空者均一知半解無可問津爰薈萃諸家日夜窮思洞明其理始信其法之不謬然非精熟巒頭讀理論書無所用也問平砂玉尺經究合否曰此書恐非劉氏所著必係江湖謀食之徒所僞造予嘗見袁柳莊之子忠徹著古今識鑒一書論人相極有見地與坊本柳莊相法迥然不同又曾公安青囊

序別本至五六種之多均為後人所改竄此書亦然或問玄空書以何者為要曰玄空秘旨天機賦（亦作玄機賦）均可讀天機賦吳景鸞著玄空秘旨有云景鸞著有云目講僧著又南唐何令通靈城精義理氣章亦多可采總之非有人口授實難入門　或問楊公書言理氣者何書最佳曰天玉經字字珠璣惜被蔣氏一註反生障礙　問蔣氏之學若何曰蔣為明季遺老以文學著有詩載沈歸愚別裁集中五言排律學杜頗有門徑明社屋後隱於此道著辨正一書實有見地惜誤解天機不可泄漏未將零神正神收山出

煞城門諸訣註出又未將玄空用法一一告人致後
人僞說百出雖爲地理之大功臣亦爲地理之大罪
人　問郭璞葬經何本爲佳曰以元吳澄删定本爲
佳此書後人多疑僞作然其中頗有見地不可不讀
又問元經若何曰此書有三本今日通行本見五要
奇書中與其他兩本彷彿書中皆三合語文字淺陋
其爲江湖謀衣食者僞造無疑文選中載景純五言
詩何等樸茂清逸與元經比較可知矣　問地全體
大用合編一書若何曰是書分四卷卷一二三爲地
理全體懷遠林士恭著專言巒頭無甚深理卷四爲

地理大用陽湖吳頤慶著言盤理清淺而切於實用與華氏天心正運可相輔而行不失為正軌中言鎮壓法俗不可耐又誤解辨正處亦時有之　問地理知本金鎖秘一書若何曰此書南康鄧恭撰恭字夢琴別號夢覺子書分上下兩卷上卷言易理字字珠璣下卷言穴法穿鑿附會且有背理氣另有秘旨圖說二卷未刊予遊南康訪其舊居至南良村得讀之毫無深義其表弟盧洪擧作夢覺小傳謂其訪道方外師圓覺山人出以玉函枕秘口授指畫始得真傳云云世之庸師動以欺人者有二言傳書必玉函枕

秘火彈子具賣皆空譚玄理言用法必謹守秘密訪道方外得異人傳授為江湖術士一種口頭禪非此不足以騙錢不足以欺世千篇一律即蔣氏亦所不免書中附刻詩文已屬創見詩格卑下文無義法可言其論范宜賓謂狗彘不屑食其肉未免太甚矣

或問師言吳少苑地理大用尚可讀惟悖理處尚多須讀此書不明其悖理處乞示曰讀書須精細至陰陽五行之書尤不可效武侯之不求甚解此書誤處百出武斷亦多其理論姑不具論至圖式固一目可瞭書中各運盤圖除五運外其餘安置戊己無一

不誤又創半陰半陽之偽說以掩飾之而凡五入中之飛星皆誤矣惟一運之子午癸丁一圖丙壬兼子午一圖（此圖飛星雖不誤然不知用替卦也）三運之卯酉兼乙辛一圖七運辛乙兼酉卯一圖九運午子兼丁癸一圖不誤然亦偶然而已其應用替卦者并未說明吳氏實不知其所以然也

近世習玄空者分六大派曰滇南派無常派蘇州派上虞派湘楚派廣東派滇南宗范宜賓無常宗章甫蘇州宗朱小鶴上虞宗徐迪惠湘楚宗尹有本廣東宗蔡岷山六派中能融會貫通者實無一人其書均

有流弊由於嚴守祕密以訛傳訛即有誤處不肯輕洩無人糾正耳　上虞習玄空者多中地理元文之病因端木氏聰明絕人其所不能解者動將原文改竄如奧語開篇即改為坤壬乙廉巨從頭出艮丙辛巨門與祿存巽庚癸貪狼武曲位乾甲丁巨武一路行云云　張心言一派學者最尠因習此道者大半不知易理一見張氏說卦皆退避三舍或問端木氏言卦理張氏亦言卦理何以上虞一派不宗張而宗端木答曰張言卦理鍼鋒相對人不能勉强空談端木言卦理語無中肯人讀其書可以高談闊論耳

問張心言辨正疏上列各卦令人不解曰張氏各圖出自吳門潘斗齋景祺少明卦理者即一目了然首三圖以王豫所授邵康節之圖為本第四圖加以二十四山者也其一運八卦為一之一即本宮上世之卦也二運八卦為一之二即四世之卦也三運八卦為一之三即遊魂四世之卦也四運八卦為一之四即二世之卦也六運八卦為一之六即五世之卦也七運八卦為一之七即歸魂三世之卦也八運八卦為一之八即一世之卦也九運八卦為一之九即三世之卦也癸甲申二圖即本宮上世變三世之卦也

坤壬乙二圖即四世世變一世之卦也巽辰亥二圖即五世變二世之卦也艮丙辛二圖即遊魂四世變歸魂三世之卦也八宮各有一卦無反對圖即本宮上世變遊魂四世歸魂三世之卦也下七圖可類推

近人宗華亭張受祺及秀水於楷之說者謬處最多蓋玄空之學乾嘉盛行自紀大奎地理末學出學者從而和之而玄空遂絶迹今日地師非出卦即陰陽差錯欲求昇平之世其可得乎　問張受祺著何書其學若何曰張式之乾隆時人所著有古書正義內輯青囊經三字青囊經青烏經狐首經管子指蒙堪

經尋龍捉脉賦注中引蔣氏之説惜於挨星一無門徑此外又有青囊正義即青囊奥語及曾序天玉經正義後附天玉外編寳照經正義徧地鉗正義其註均背卦理深中葉九升之誤而天玉經外編尤謬　問于楷忽以蔣氏爲然忽以挨星爲謬何也曰蔣氏可宗者惟挨星舍此别無可取于氏未得其訣故有此非非想之訣于端士地理録要所采各書惟歸厚篇尚可讀又采范宜賓盤理各篇而不知范氏之誤竟以巒頭讀之支離百出毫無義理之可言　問范宜賓誤在何點曰范氏乾坤法竅一心要將前人所不肯洩者明白

透露此范氏不可及處惜未得挨星之訣其誤處在隔四位而起父母又以雙雙起誤為陰出脉陽出脉於是滿盤皆錯　問尹有本之學若何曰尹氏於巒頭略有門徑所著四秘全書自作聰明不作為訓其補奧語挨星條例云子未卯一三祿存倒乾戌巳文曲共廉貞寅庚丁一例作輔星午酉丑右弼七八九無一是處是不明挨星者也註都天寶照經補足四十八局更無見地首部幾驗圖考所卜諸穴立向均誤　問大玄空與小玄空有別否曰無別佛經言大小乘人多非之今言大小玄空亦非　問靈城精義

與天機賦玄空祕旨若何曰皆有用之書與楊曾諸書當相輔而行不可偏廢　問地理元文所引邱公心印邱公何代人心印有單行本否曰邱名延翰唐贛州人心印一書上虞抄本甚多然經端木國瑚刪節恐非原本邱又有海角經未見有五運六氣總論言分金頗可采　問龍到頭口訣反覆讀之為學更上一層此篇係何人作曰不著撰人姓名吳鏡泉圖書發微中謂無極子作　問催官之法有蔣目講傳之司馬頭陀頭陀傳之冷謙然否曰此尹一勺語也頭陀宋末人目講為陳友諒部將張定邊冷謙明初

人時代顛倒一句語類此者頗多昔蔣大鴻以蘇州范墳宜興盧墳註寶照經溫氏續解以為失言此則更堪發噱　問劉達僧與司馬頭陀問答若何曰既非理氣又非巒頭直小兒語耳　問地理精義合玄空否曰此為山陰杜銓著銓字明川所註青囊天玉撼龍疑龍以三合解玄空越中言三合者多宗之其書不可為訓　問羅經透解何如曰此蜀人王道亨著其人並未知三合遑問三元至奇者以卜筮釋羅經破湊子父財官兄弟謬矣　問溫氏辨正註若何曰溫註較章氏為勝然於諸訣亦不肯盡洩　朱尊

地理辨正補滲中三合之病頭腦未清其說似是而實非　近人吳鏡泉抄集一書名圖書發微可采甚多惜於挨星亦未明瞭　問地理原本說若何曰此書曾安峯著共四卷尚有見地卷三論理氣因無師承實無一語道著　問周易究一書人謂於玄空最要然否曰此書嘉善人徐某著末卷附古人諸名墓圖以證易於玄空之學實無所發明　問江慎修所著河洛精蘊內載地理學說合理否曰此書以具體論於河洛之理可謂考其源流通其條貫讀之可悟術數之所自得萬法之權輿有裨於學易不淺推論

地理深中葉九升地理大成之弊不足為訓　問壽望三仰觀集若何曰壽名紹海山陰人所著仰觀集為選擇之用言天象較朱小鶴為切實言挨星亦合壽氏又有觀察金緘一書予求之多年未獲深以為憾　問宅斷中有錢韞巖為何人有著述否曰此章仲山弟子錢荊山即校心眼指要者　問沈六圃地學言山水性情頗有意味不知此外尚有著述否曰地學遠不如周景一山洋指迷不過大言欺人而已此書外尚有選擇一書　問近讀山洋指迷條理分明切於實用果與地學不同聞周景一曾為舟山吳

氏卜塟而地理探原謂目講為舟山吳氏卜宅究竟周與目講是一是二曰周景一為張士誠部曲吳亡後亡命紹興目講為陳友諒部將張定邊本宜興儲氏子非一人也　問陰陽二宅全書若何曰此書為華亭姚廷鑾所編內有紫白斷即紫白賦其論紫白飛星吉凶頗可采餘者不脫三合家言　問餘姚周梅樑先生為人卜地持通用盤外另持一盤其盤式如壬子癸一卦壬字為二三四五六七八九一子癸字下為九一二三四五六七八不知何故答曰昔予客餘姚晤先生於黃徵君炳垕家曾以此盤相示陰

陽順逆逆一推排往往錯誤予以先生年老僅能告以此盤非玄空的傳而已先生博學深思惜於此學未得門徑所著地理仁孝必讀一書自序遊禹陵上鑪峯遇一道人授以玄空之術云云予於席間讀之見書中引古人書費解者皆删去註天玉經於收山出煞訣亦泛泛讀過註靈城精義不甚可解原書本以淩蔘圖天玉經補註端木國瑚地理元文為至寶聞予言二書之害毅然棄去亦勇於為善者也所惜不明挨星且深中朱小鶴之毒未敢直指其謬丙子予居福祈山先生過訪出仁孝必讀屬予序力辭之

今已行世矣然先生看山洋頗具眼力

自得齋地理叢說補遺

論分金

戊戌政變蟄居滬上厭聞新法與曾君康泉邀遊山水間秋八月寓蘇州穹窿觀雨窗無聊偶談玄學曾云楊氏不言分金而子及之何也答曰楊氏非不言此不過楊氏當時之法與今三合家所談迥異耳今之三合盤實楊公手創其進一層退一層均有深意例如現值二運乾巽為旺同此一卦而戌辰三運為旺此進一層也丑未為旺至四運則艮坤為旺此退一層也二十四山則指洛書而言或進或退則指河圖

而言後人不察妄將陰陽各字竄改增加分金名目若一一為之訂正則三合盤並無訛處不過既明天心視此若贅疣不必用此苦功耳曾曰經傳中未言分金吾子何苦多此一層魔障答曰奥語中知化氣生剋制化須熟記實指分金而言且何令通壹城精義亦言之至蔣氏盤銘五德為緯四七為經宮移度改分秒殊情亦指分金而言沈仲山心眼指要所載蔣公盤式即備分金之用又何疑乎曾曰心眼指要所載盤式與姜氏從師隨筆分金表不合此何故歟答曰從師隨筆之分金表想係蔣氏早年所定至晚

年乃用此盤耳曾曰心眼指要所載之分金表如子字之下僅列丙子庚子二項而吾子以為五格豈中格空亡吾子亦用之乎答曰此納音也其法詳吾祖夢溪老人筆談中納音與納甲同法學者可在筆談中求之五格者如子字下為甲子丙子戊子庚子壬子癸如之丑字下為乙丑丁丑己丑辛丑癸丑艮如之列表如下

子癸	甲子金	丙子水	戊子火	庚子土	壬子木
丑艮	乙丑金	丁丑水	己丑火	辛丑土	癸丑木
寅甲	甲寅水	丙寅火	戊寅土	庚寅木	壬寅金

卯乙	乙卯	水	丁卯	火	己卯	土	辛卯	木	癸卯	金
辰巽	甲辰	火	丙辰	土	戊辰	木	庚辰	金	壬辰	水
巳丙	乙巳	火	丁巳	土	己巳	木	辛巳	金	癸巳	水
午丁	甲午	金	丙午	水	戊午	火	庚午	土	壬午	木
未坤	乙未	金	丁未	水	己未	木	辛未	土	癸未	木
申庚	甲申	水	丙申	火	戊申	土	庚申	木	壬申	金
酉辛	乙酉	水	丁酉	火	己酉	土	辛酉	木	癸酉	金
戌乾	甲戌	火	丙戌	土	戊戌	木	庚戌	金	壬戌	水
亥壬	乙亥	火	丁亥	土	己亥	木	辛亥	金	癸亥	水

觀此表知每字五格明矣每格三度若空中不用必

欲兼內庚丁辛格內則無一字不兼左兼右天元人元之龍猶可若地元龍則永無止格矣此不可不察者也曾曰然則虛其中果何謂答曰此指洛書而言虛其中即戊己也若指河圖而言虛其中即一運坎入中二運坤入中三運震入中四運巽入中六運乾入中七運兌入中八運艮入中九運離入中此莊子九洛之說所由起也曾曰分金之用法如何答曰易之理盈虛消息盡之學者將此四字取不足宜補有餘宜洩足矣曾曰張心言六十四卦吾子以為分金之用如用納音何必再用卦理答曰此六十四卦用

先天卦若定卦即天心正運分星即中五乙一訣之後將卦象排列若與六十四卦成反伏吟者則避之其用法與用納音微有不同曾曰吾子昔以張心言之法為偽今以為可用何耶答曰張心言之法用於下卦起星城門則偽用於避反伏吟則不偽矣

又答或問曰分金之法萬不可廢不過三合家所說之分金只能用於五運他運則不能用時須將天地山向四盤視其有餘不足調劑之若執一板格用之失玄空活潑潑地之旨矣予以分金法為將章所未言不知章氏直解中知化氣生剋制化須熟記一段

即分金要義也予平日奉章為圭臬一字一思即知予言之不謬矣　或問心眼指要所載分金僅三合盤中之一種予言與三合盤不悞何也答曰章氏所載僅五運元旦盤之分金即定卦之盤也蔣氏手創此盤不過由博而約使人易明其理（近日通行之蔣盤分星一層多誤與蔣不符）知此可悟其餘為分金之用各運之用惜學者昧於古義茫然不解耳蔣章二氏皆以三合為非而於三合家所執之盤不以為非可見此盤固無可議者也

衣杏溪丈問在上虞追隨半年始悟玄空入門之訣

四十年疑竇一旦盡釋弟因葬親始習斯道前十餘年誤於三合後念餘年誤於玄空偽術行年六十始知五十九年之非朝聞道夕死可矣弟之謂也昔日為人卜葬者四十餘處自聞道後終日跋涉山川知合法者只有四處然當年亦未明其理無非葬者家有陰德偶中而已合城門者四處其家業尚不替餘則零丁失宜或陰陽差錯或出卦或犯反伏吟皆家業凋零或身罹殘廢或破財損丁昔以為龍真穴的何至如此今始悔昔日以庸術殺人現在擇其可用者為之改正至衰運各地實不能補救者為之措資

遷葬以贖前愆而已昨過福祈山擬作竟日之談値
兄有天台之遊聞須半年始歸悵然而返茲特奉書
代問兄曩言分金用先天六十四卦何以不用後天
卦此一疑也又謂張心言學有所本不過未將原委
叙明近晤汪君痛詆張氏兄以為非此一疑也又排
卦時五黃究寄何宮此又一疑也請迅示知以釋疑
竇答曰蕭寺寄身況如老僧入定似與世相違矣雖
足傳來人教如對故人快甚快甚吾丈宅心忠正將
誤葬各墓一一更正古道照人令人中不可多得欽
佩莫名分金用先天六十四卦不用後天者因先天

出於天理之自然不同人為造作詳見朱子答林粟書中朱子又答袁樞書曰若要見得聖人作易根原直截分明不費辭說於此看得方見六十四卦全是天理自然挨排出來聖人只是見得分明便只依本畫出元不曾用一毫智力添助蓋本不煩智力之助亦不容智力得以助於其間也云云夫先天出於自然體也後天出於人為用也因山向飛星已得其用故只用其體可矣至張心言言卦理絲絲入扣惜未將用法表明令人不明其理反詆其法之偽而先天六十四卦之分金法不明於世矣茲將一二兩運之

子山午向排列二圖以明之

一運子山午向圖　五寄坎中宮一卦除向首一卦而列入八國明此則向首一星災福柄自明矣

山雷頤 八三 六	雷山小過 三八 三	風澤中孚 四七 二
水水坎 一一 五	水天需 五六 一	火地晉 九二 六
天水訟 六五 八	澤風大過 七四 七	地火明夷 二九 四

此張氏辨正疏第三圖也學者不明起卦向星特出爲不能悟其理

二運子山午向圖　五寄坤

雷水解 三一 八　山地剝 八五 四　澤天夬 乙六 三

水雷屯 一三 六　天澤履 六七 二　地地坤 二二 七

地山謙 五八 一　風火家人 四九 九　火風鼎 九四 五

此張氏辨正疏第十三圖也能知此第二圖即可悟張氏所載各圖之不誤矣

至中五寄宮蓋有四例有謂坎納戊離納己於是有戊一己九之說此一例也有謂戊寄艮己寄坤者此

又一例也有謂上元甲子戊寄艮己寄坤中元甲子戊寄離己寄兑下元甲子戊己可隨意寄艮寄坤者此又一例也有謂隨天心轉移一運五寄坎二運五寄坤餘運類推今所推二圖即用此例惟行篋無書無可考證山居養痾不能逐一挨排舉二圖為例吾丈照挨之可也

袁香溪丈又問奉手書頓開茅塞惟每運之五何故寄於本宮至五運究寄何宮分金時是否以張心言疏所列先天六十四卦對照互校乞示答曰易之理不外體用二字五運元旦之盤洛書也體也其他各運

之盤河圖也用也前函寄宮諸例均非非想之談因
吾夫精於易一一闡明俾高明一一挨排明其當然
之理然後可與言易理然後可與言盤理否則雖知
下卦矣而未知定卦之奧雖知起星矣而未知分星
之用其人不過與蔣大鴻章仲山張心言溫明遠等
爾何必窮年累月研究此學哉夫盤理一六共宗二
七同道三八為朋四九為友四句盡之矣一運何以
過五黃仍為坎一運之天盤五黃附麗於離乾坤合
二七兌震合三八艮巽合四九八國獨缺一似離坎
不能合一六矣雖然離宮之體為五而其用仍為一

俗云萬物土中生萬物土中死蓋天之上地之下無非此一元之氣流行於六合而已明此則一運坎二運坤三運震四運巽六運乾七運兌八運艮九運離其理自可明瞭至山向飛星二盤遇五黃在坎運仍屬坎之氣也前列一運子山午向圖閱之自然明白二運屬坤閱二運子山午向圖亦可明瞭其他三四六七八九各運可知矣至五運寄坎離則指納甲也寄艮坤因中元之五流行之氣無定前十年可附坤後十年可附艮其實坤艮對待坤即是艮艮即是坤猶五雀六燕耳並非的論其義出於二五八之三般

卦然則五運之五究寄何宮乎可將山向飛星之盤挨得之字何為一六何為二七何為三八何為四九內中缺一字此一字則玄關所在矣志伊謹業五運子山午向山上飛星一入中是八國缺一五即寄一向上飛星九入中是八國缺九五即寄九合先天卦為外離內乾即火天大有其他二十四山向五運寄五之法照此類推分金時互相校對用張心言疏所列先天六十四卦圖可也祖緜謹案先君一二運子山午向二圖係將山向中宮之飛星視一歲內外卦爻與先天六十四卦之卦爻相校如前圖一運山為晉卦向為坎卦中宮為需卦與六十四卦中之乾坤姤復四卦之爻相校無反伏吟者用之有則避之蓋六十甲子分金重在虛則補母實則瀉子二語所謂知化氣也六十四卦分金重在避反吟伏吟各有所主理不可偏發者也

或謂蔣氏不用分金此大謬蔣盤節氣上有十二支學者每不察其理豈知即分金也仲山心眼指要載蔣公盤式即有分金惟用法過於秘密僅於辨正中略指一斑耳　分金不獨用於山向即穴前所見之一山一水莫不與分金相關而且非常奇驗　賴太素撥砂法即分金張心言辨正疏所載卦理亦分金惟心言養其一指而失其肩背耳予歷年覆人墳墓生肖以納音為主患病以六十四卦為主不能絲毫放過　曾康泉識予言分金如作詩之流於試帖予曰此詩之韻詞之律曲之譜也康泉恍然

論替卦

替卦之說實照經言之鑿鑿經所謂兼貪兼輔章仲山直解所謂直達補救是也至經云巳丙宜向天門上巳屬巽丙屬離天門乾也此一句言巳兼丙之山可向乾也亥壬向得巽風吹亥屬乾壬屬坎巽風也此一句言亥兼壬之山可向巽也由此觀之是巽可兼離乾可兼坎即出卦兼向之義也　或云出卦兼向惟四九一六二七三八則可其實此指五黃運言耳夫卦氣運運不同而流行之氣亦隨之而易惟合時則吉背時則凶而已若板執五黃之說以為運運皆

然其流弊與用三合盤何異如巳丙宜向天門上亥
壬向得巽風吹此兩句重言向字即重在向首一星
蓋用替卦之法無非取他星以補救向首而已祖緜謹案
仲山陰宅祕斷第十六圖註中堂祖墓子午兼壬丙
坐山挨星是八乃山上飛星不用八而用七蓋兼壬
挨巳以二入中順飛七到山故以七入中此以山用
替也第三十八圖周姓祖墓壬丙兼亥巳向上挨星
是一一即壬乃向上飛星不用一而用二蓋兼巳挨
武順飛到向仍是一無可用替推壬之挨星為巳故
即以二入中又陽宅第十七圖寗波府基癸丁兼丑
未三到向乃不用三而用二蓋二即乙乙挨巳故以
二入中此以向用替也有山向丙用者如陽宅第三
第四圖壬丙兼亥巳一到山九到向乃不用一九而
用二七此山向均用替也有兼向不用替者如陰宅
第五圖錢姓墓辛乙兼酉卯十五圖經姓墓己亥兼
壬丙第四十八圖某墓辰戌兼巽乾均不用替陽宅
中兼向不用替者尤多大抵向上有替可尋則用向

向上無替可尋則用山山向均有替可尋則山向兩用其兼向不用替者必僅兼一二分無須尋替者也茲言用替重在向首一星舉一反三學者毋以詞害意可也

山水性情各有不同凡真龍結穴之地不能毫釐差錯故天元龍之來脈必以天元龍之向葬之入地二元龍同

此一定之理無可假借者也志伊謹案寶照經云子癸午丁天元宮卯乙酉卓一路同若有山水一同到半穴乾坤艮巽宮卯是此義蓋子癸者謂近癸之半子如子龍右旋穴必生乾向巽半者謂近亥半乾近巳半巽也龍在于則正挌城門在午變挌城門在卯蓋龍與穴必經四位向與水口亦必經四位如此則一卦純清矣天元如此人地兩元可知此數語為造葬第一關鍵學者宜深味之

地吉而時不吉則待時而葬之時者即旺山旺向之四十八局也

程子所謂非時不葬是也細玩時之一字其中意義

可不言而喻矣然有一種勾搭小地往往龍氣駁雜雖非其時苟配合卦爻理氣得法葬後亦能獲福如仲山宅斷所載嵇中堂祖墓是也　用替卦之法即奧語開宗明義坤壬乙四句此四句將全盤二十四字已露其半餘十二字隱而不見解此者聚訟紛紛皆未明河洛之理以意為之耳歐陽純風水一書雖將二十四字一一揭出于揞地理錄要載有歌訣（此訣在叢說中）惜乎未言其義使學者仍無正軌可循而歐陽氏所載配卦圖尤似是而非反生讀者無窮障礙昔胡伯安嘗以此理求詢予繪成圖說作書答之（此書

已詳叢說中學者可解歐陽氏之替星與于楷之口訣矣
惟乾巽二宮字字挨武咸以為疑蓋此二宮者與中
五之令星進一退一而已天文家謂為天門地户順
行則乾為六逆行則巽亦為六故對宮易位而起星
例如乾宮戌乾亥三字戌四也若五入中由戌逆行
至辰為六故辰挨武乾藏六五四也亥六也五入中
順行為六故乾亥均挨武巽宮辰巽巳三字辰六也
五入中由辰逆行至戌為六故戌亦挨武巽藏四五
六也巳四也五入中易位起星故巽巳亦均挨武
此挨星名為替卦然二十四山向非字字均能用替

也今列表如下以明之

坎宮	壬巨	子貪	癸貪	此一卦惟壬可用替
離宮	丙破	午弼	丁弼	此一卦惟丙可用替
震宮	甲貪	卯巨	乙巨	此一卦三字均可用替
兌宮	庚弼	酉破	辛破	此一卦惟庚可用替
乾宮	戌武	乾武	亥武	此一卦三字均不用替
巽宮	辰武	巽武	巳武	此一卦三字均可用替
坤宮	未巨	坤巨	申貪	此一卦惟申可用替
艮宮	丑破	艮破	寅弼	此一卦三字均可用替

右表能用替者共十三字不能用替者共十一字至

五黃加臨之地則皆屬廉貞戊則順行己則逆行然飛星仍五黃入中亦不能作用替論　凡用替卦用向首一字歷觀人家塋墓知平洋最驗城門一訣尤為替卦中之一關鍵能將穴上所見之水適合城門往往發福惟反伏吟不可不辨耳　至不能替而用替者例如四運中庚山甲向兼酉卯甲上挨星為二本二入中令用替卦二即未挨巨仍二入中無所謂替也雖到山到向反不能作旺山旺向論因差錯之病仍在其中不如專用庚甲之為得也又四運甲山庚向兼卯酉庚挨六本六入中用替卦六即戌戌為

武仍六入中與庚甲兼酉卯，正同又如二八兩運未山丑向五八兩運丑山未向三七兩運戌山辰向五運辰山戌向出卦兼或陰陽互兼若用替卦其挨星正在不可替之字均作陰陽差錯論出卦論不能作到山到向論也　本運令星雙到山或雙到向有用替卦適到山到向借合一局者如六運之壬山丙向兼亥巳或兼子午是至兼貪兼輔宜察向上來去之水斷之茲列一圖以供學者研究

六運壬山丙向兼亥巳 子午

向

三一 五	七六 一	五八 三
四九 四	二三 六	九四 八
八五 九	六七 二	一三 七

山

一 如圖山上飛星入中仍用二不變

二 向上挨星為一一即壬士挨巨故二入中

三 以二入中順行六到丙為一吉也

四 出卦兼陰陽互兼挨排法同

用替卦向首所到之星雖非本運旺星而水口正合城門旺星或得生成合十者亦吉　用替之最異者莫若五運之戌山辰向八運之辰山戌向出卦兼戌陰陽互兼山向飛星替字字相同此之謂無變化無生息葬之有凶無吉此用替卦之大略也學者神而明之始可以達用矣

用替即爻之變予於斯道雖得真傳然未深入堂奧如城門打刦反伏吟諸法皆讀竹礽之著述而始明今又得此篇昔日懷疑於坤壬乙一節今始

了然明白矣竹礽為學無師承專心致志晰夕研求闡明此理窮源竟委語云思之思之鬼神通之極深研幾自有發揮光大之一日吾謂竹礽於斯學直足上追邱楊豈阿諛所好哉戊戌冬月潯陽蔡金臺識於宣南寓次

志伊謹案侍御蔡公於玄學受之麻城張巖亭先緒甲辰予介族兄筱濤水部作書先容執晚生禮衣冠往叩侍御嚴守秘密深閉固拒不露隻字前讀先生與侍御書極言守秘密之謬惜侍御之終不能用耳先生此書於玄空諸訣披肝露膽朗若日星俾學者免暗中摸索之苦以視世人自珍獨得之秘者其相去何如耶

黃遂謹案奥語坤壬乙一節四庫目錄謂自來術家罕能詳其起倒追蔣氏辯正出始略露端倪章氏作直解亦有下卦起星之言下卦之倒雖經華氏刊傳而起星之法尚祕而未宣遂至異說紛紜莫衷一是此篇盡抉藩籬直洩閫奥舉倒既極詳盡說理尤事貫通一洗向來私家隱秘之風擅列聖心傳之妙遂於斯道略窺門徑證諸所闢合若符契其蔣氏所謂止有一法更無二門者歟讀竟爲之忭舞使于蘭林有知定當擊碎唾壺也

論收山出煞

或問天玉經末章云更有收山出煞訣亦兼爲汝說玩更有亦兼四字何等鄭重而蔣章註解均未言及究竟其理若何答曰此二句温氏雖揭其理然終未明白透澈其實蔣註章解温續解在都天寶照經天機妙訣本不同八卦只有一卦通一章内已將收山出煞訣之要理說得頭頭是道學者見之自然明瞭不過註此反略者爲天機不可洩漏一語所誤耳

論反吟伏吟

韓崑源問人言五黃入中為禍最烈萬不可卜宅而執事前言五黃運得十二局未免相反何也答曰入中指每運立極之五黃非五黃運之五黃也因立極之星一遇五黃入中八國飛星凡屬順行者無一不叢犯本宮即為反吟伏吟如乾仍遇六兌仍遇七艮仍遇八離仍遇九坎仍遇一坤仍遇二震仍遇三巽仍遇四是逆行則否其所謂禍實反吟伏吟之禍耳

又問執事前註宅斷有言伏吟者其例若何答曰凡卦氣叢於本宮即為伏吟如乾山巽巽山乾亥山巳巳山亥巽宮飛星逢四壬山丙丙山壬坎宮飛星逢

一皆是也然查此星落何宮按零正空實而用之亦可化凶為吉

或問吾師前言九紫入中之年子山午向為五黃二黑入中艮山坤向為五黃七赤入中卯山酉向為五黃何也答曰此即反吟因對宮所犯故也蓋九紫入中五黃臨子二黑入中五黃臨艮三碧入中五黃臨震運無妨惟年月日忌之運無妨者因運之所重在山向四神如三運用卯山酉向卯山飛星有山向二神酉向飛星有山向二神合之為四神此最重要不在天盤之挨星也然天盤之戊己己與己戊戊以入中

之運為轉移如壬子癸為戊己此戊己已實壬子癸也雖非壬子癸而實含有壬子癸之氣故一白入中之年五黃臨離即可作壬子癸臨離離之對宮即壬子癸與地盤之字相犯是非反吟乎

論一四同宮

鄧勞臣問西子湖頭獲遇有道一顧敝宅蓬蓽生輝相宅與房均不吉囑移牀位謂兩月後必守處州今日委檄適合尊意足下奇士而挾異術盍不出而用世耶答曰前相尊宅宅房不利故移牀以取一吉適合生旺理應一麾出守惟房門方位無生財之道敝省

知府清苦之缺無如處州乃斷之如此其用法即一四同宮訣耳無足為異因見足下存心長厚無宦途習氣故偶施小技以報之至以某為奇士得異術未免謬獎總之人在天地中能讀書即能知理所謂理者人生一日不可須臾離理者何河洛是也河圖變易之易也洛書不變之易也洛書雖不變然用法僅在二八易位四字之中二八易位者即顛顛倒之意常理也非異術也明其理者常人也非奇士也人病不求耳至以用世相勖某則山林氣重自知非富貴中人雖平日讀書抱前不見古人之概自知身後之

名當有不没之稱而已此外無他求也

論三合

賈步緯問吾人極鄙視三合然今人從之者甚衆想有要義乞吾師詳言之答曰三合之說見於淮南子說亦古矣細繹淮南之言亦不過用於三煞此外無用也昔予習三合十餘年累月窮年實較習玄空為甚今始知無理可憑甚悔也至三煞有關堪輿者四言可以盡之申子辰年三煞在南巳酉丑年三煞在東寅午戌年三煞在北亥卯未年三煞在西蓋以申子辰合水局水剋火故煞在南巳酉丑合金局金剋木

故煞在東寅午戌合火局水火相尅故煞在北亥卯未合木局金木相尅故煞在西然必合局而用之實大謬也

胡伯安曰先生習三合時力闢玄空然常告予云三合法所造墳墓多不利且塋擇所葬諸墓皆絕嗣其法似不可信後習玄空乃知三合之無用此說將數十年僞法一筆抹煞快極快極

韓崑源問前闢三合有關煞方其說實爲要訣惟煞究係何物何以犯之禍患立見其理可得聞乎答曰易之理尚矣世俗所謂煞者氣也氣生於卦是故不明戊己之附麗即不明陰陽之消長不知乾坤艮巽之躔落即不解陰陽之變化煞之爲氣無形無質與吉

星同充塞於天地之間八觸其機其應如響其故惟何即三合也此三合皆藉四維而斡旋其源出於陽八相生前言申子辰年月煞在南何以故申陽也陽順行支中藏庚壬即陽八至壬壬者坎宮之陽水也辰陰也陰逆行支中藏乙癸即陽八至癸癸者坎宮之陰水也與子相合此之謂申子辰合水局其氣全聚於坎且陰陽相戰至大至剛以犯對宮之離而煞生焉不獨對宮受沖而離之左右巽坤二宮亦被其牽制故申子辰年月煞在巳午未三方可知矣寅午戌年月煞在北何以故寅陽也陽順行支中藏甲丙

即陽八至丙丙者離宮之陽火也戊陰也陰逆行支中藏辛丁即陽八至丁丁者離宮之陰火也與干相生此之謂寅午戌合火局其氣全聚於離陽陰相戰至大至剛以犯對宮之坎而煞生焉不獨對宮受沖而坎之左右乾艮二宮亦被其牽制故寅午戌年月煞在亥子丑三方可知矣巳酉丑年月煞在東何以故巳陽也陽順行支中藏丙庚即陽八至庚庚者兌宮之陽金也丑陰也陰逆行支中藏癸辛即陽八至辛辛者兌宮之陰金也與酉相合此之謂巳酉丑合金局其氣全聚於兌陽陰相戰至大至剛以犯對宮

之震而煞生焉不獨對宮受冲而震之左右艮巽二宮亦被其牽制故巳酉丑年月煞在寅卯辰三方可知矣亥卯未年月煞在西何以故亥陽也陽順行支中藏壬甲即陽八至甲甲者震宮之陽木也未陰也陰逆行支中藏丁乙即陽八至乙乙者震宮之陰木也與卯相合此之謂亥卯未合木局其氣全聚於震陰陽相戕至大至剛以犯對宮之兌而煞生焉不獨對宮受冲而兌之左右乾坤二宮亦被其牽制故亥卯未年月煞在申酉戌三方可知矣凡治三合最久惜此中要義歷古迄今從無人道破可慨也

韓崑源曰此說將漢書天官五行蕭氏五行大義所本道着者一一爲之說明不獨三合家言可破習玄空者亦當奉爲圭臬其實申子辰巳酉丑寅午戌亥卯未巳即坎兌離震之大化氣也由此而推一切神煞具有根據豈空言哉

論城門

或問城門一吉究有若干年運答曰龍真穴的當旺即發運過即敗且發時較旺山旺向爲甚惟出運以後出運者如二運用城門一吉至三運則陰陽差錯矣適逢旺山旺向趁此時建碑修理之仍可接替若出運後山向不利不能修理者終有咎徵韓崑源精巒頭不精理氣二運初在苐家卜一子山午向地西湖在巽方放光圓明如鏡

穴前千峯特起葬後科甲蟬聯丁財大旺以與水正合城門一吉也一交三運不二年其家中落足下在杭試一訪之當可悟城門訣也

或問吾師前解三合為神煞之用可謂至理名言惟宋以後言水法者均用之其理定有根據乞示答曰水法千言萬語無非城門城門維何即向首一星之旁二卦也如天元龍之山向旁二卦天元爻中見有水光即為城門若與時相合則吉與時相違則凶凡有龍真穴的山與向雖不利而城門正逢吉星亦可下葬惟城門運星一退其家即衰若山向正逢旺運城

門又吉則旺上加旺如今日三合家所謂申人子天辰地巳人酉天丑地寅人午天戌地亥人卯天未地會局者實能明城門之理特未諳城門之用耳如子山午向以巽坤二卦為城門於是誤以支龍世以子為支龍必須收申辰之支水又從而進之脉自子轉申而墓於辰水自申止子而墓於辰豈知子山午向一見申辰之水即犯駁雜而龍氣不純矣此予所謂明其理而未諳其用也能諳其用必曰午向以巽坤為城門丙向以未辰為城門丁向以申巳為城門矣巳酉丑者酉山卯向以巽艮二卦為城門寅午戌者午山子

向以乾艮二卦為城門亥卯未者卯山酉向以乾坤
二卦為城門也而後人更加入坤壬乙等更大謬普
瑩徹專用此水局浙東所葬各地莫不敗絕
或問司馬頭陀有其人否其所著水法亦言三合與申
子辰等不同其法可用否答曰江西通志載有司馬
頭陀傳名曦唐時人其水法實城門訣也不過隱約
其詞學者不易領會耳其言曰乙甲艮兼丁丙巽辛
庚坤與癸壬乾乙甲中含卯字即酉山卯向以艮為
城門兼字原文作連丁丙中含午字言子山午向以
巽為城門辛庚中含酉字言卯山酉向以坤為城門

癸壬中舍子字言午山子向以乾為城門三合者運合山合向合城門也此所謂三合實非今日三合家之三合至乾宮正馬甲方求借馬原來丙上遊一節蓋指水為馬指山為祿乾宮正馬甲方求者言乾山巽向城門在震宮也借馬原來丙上遊者言城門有二左為正馬右為借馬言離方亦有一城門也巽庚癸兼乾甲丁一節兼字係對字之誤巽庚癸者言巽山乾向城門在兌坎二宮乾甲丁者言乾山巽向城門在震離二宮也以下類推至乾山巽水出朝宮一節言天元龍須天元一氣不可雜人地兩元知妙道

一節即玄關祕竅歌他書有單行本加此文理亦通實言城門之功用其餘並不關緊要閱之自能領悟也

錢唐沈竹礽更正蔣盤簡式

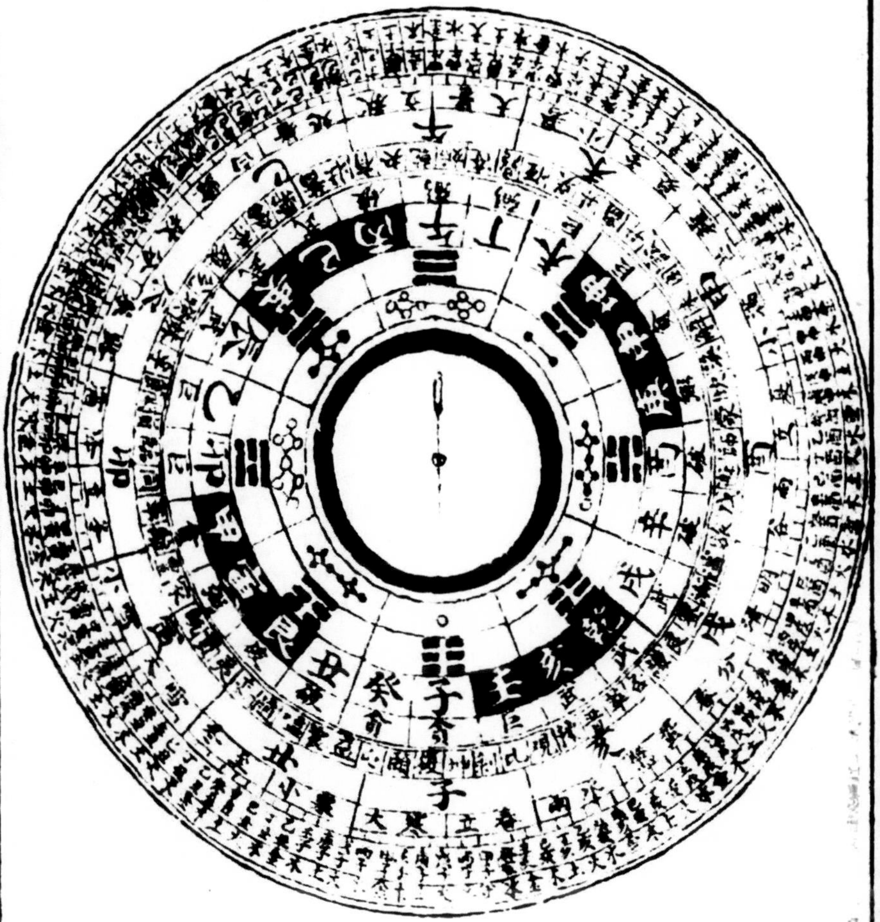

羅盤圖說

一層洛書二層先天八卦三層二十四山四層兼向替卦五層先天六十四卦六層十二次舍七層二十四候八層山向飛星六爻分金九層六十甲子納音分金

第一卷勘誤表

序第一葉下板第七行第十六字門係州字

又第二葉上板第二行第八字蘇係吳字

又第五葉上板第一行第十五字具係真字

叢說第三葉上板第十行第十八字昂係昴字

又　第五葉下板第二行第三字甲係庚字

又　第六葉上板第八行第十五字易係昜字

又　第八葉上板圖第三行第四字三係七字

又　第九葉上板第四行第十三四字于午係午九二字

又　又　第八行第七字未係末字

又 又 下板第四行第十七字己係巳字

又 又 又 第九行第十八字予係孚字

又 第十葉下板第五行第八字色係包字

又 第十四葉下板第九行第十四字段係殺字

又 第十五葉上板第四行第十七字色係包字

又 第十六葉下板第十行第十九八排俟係挨排

又 第十八葉上板第一行第一字門係問字

又 第十九葉上板第一行第十六字着係着字

又 又 下板第十行第十三字士係壬字

又 第二四葉下板第六行第十四字甚係其字

又第二七葉下板第七行第三字已係正字
又第二八葉上板第一行第二十字永係水字
又第二九葉上板第一行第十九字贅係贄字
又　又　下板第三行第十三字今係令字
又第三二葉上板第八行第十三字植係值字
又第三四葉下板第十行第九字空係宮字
又第四十葉上板第四行第十字夾註中今係令
又第四一葉下板第一行夾註第五字謹係僅字
又第五一葉上板第十行第九字予係子字
又　又　下板第七行第六字繫係擊字

又第三五葉上板第一行第二字穩係穩字

又第五六葉上板第一行第十三字趍係趨字

又　又　又第十行第八字穩係穩字

又第五七葉上板第七行第五字論係氣字

又第五八葉上板第八行第十七地字下脫理字

又第六一葉上板第五行第十二字於係于字

又　又　又第六行第十六字未係末字

又第六二葉上板第四行第十七字作係足字

又第六四葉上板第四行第八字緘係鍼字

第一册補遺勘誤表

第二葉下板第五行第十一字木係火

第六葉上板第四行第四字六係七

又　又　第六行第四字八係九

又　又　又　第八字七係八

第八葉下板第四行小註第二行第十一字起至二十字止合先天卦為外離內乾即十字誤係先天卦山為風水渙向為

九宮挨星掌訣

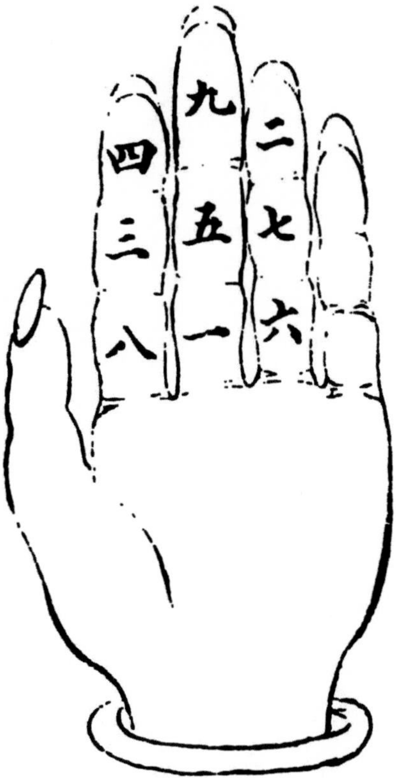

右訣一坎。二坤。三震。四巽。五中。六乾。七兌。八艮。九離。一為壬子癸。二為未坤申。三為甲卯乙。四為辰巽巳。五為戊己。六為戌乾亥。七為庚酉辛。八為丑艮寅。九為丙午丁。

以上二十四山。分為天人地三元。天元之子午卯酉為陰。乾巽艮坤為陽。人元之乙辛丁癸為陰。寅申巳亥為陽。地元之辰戌丑未為陰。甲庚壬丙為陽。挨星時。先將用事之元運入中宮順行。名曰挨星。再將山上向上挨得之星入中宮。分陽順陰逆飛去。名曰飛星。順飛者。由中五至乾六兌七艮八離九坎一坤二震三巽四是。逆飛者。由中五至巽四震三坤二坎一離九艮八兌七乾六是。故山向飛星。在天元之一為子。人元之一為癸。均陰逆行。若地元之一為壬。則為陽順行。餘星照此例推。蓋一二三四六七八九。星之數雖同。而由陰陽分順逆則異。所謂有珠寶有大坑也。若中宮五數。戊陽己陰。此陰陽視山向為準。如子山午向。飛星遇五。則為己陰土而逆行。乾山巽向。飛星遇五。則為戊陽土而順行。天元如此。人地兩元。亦照此倒推。

右挨星圖一卷。每山每運。逐一挨明。所有旺山旺向。地運長短。合十。打刦。城門訣。反伏吟。上山下水諸法。均由　先生地理叢說中錄出。列於各山之前。其飛星之生剋比和。則錄自華氏天心正運。俾學者了然心目。庶免為庸術偽訣所惑。至於吉凶斷驗。自有仲山宅斷與玄空古義在。神而明之。存乎其人耳。

歲在乙丑夏五月後學江志伊謹識

天元子山午向挨星圖

地運八十年

五運獨旺

三七運全局合十

一三六八運離宮打刦

城門五七九運不用一

四六八運坤巽吉二運

巽三運坤吉

一運挨星六到山五到向

飛星山順向逆犯下水

向比和山生入吉

	向	
五六 九	一一 五	三八 七
四七 八	六五 一	八三 三
九二 四	二九 六	七四 二
	山	

二運挨星七到山六到向
飛星山逆向順犯上山
向生入山比和吉

向

八五 一	三一 六	一三 八
九四 九	七六 二	五八 四
四九 五	二二 七	六七 三

山

三運挨星八到山七到向
飛星山順向逆犯下水
向比和吉山剋出凶

向

七八 二	三三 七	五一 九
六九 一	八七 三	一五 五
二四 六	四二 八	九六 四

山

四運挨星九到山八到向
飛星山逆向順犯上山
向尅八山比和吉

向

一七 三	五三 八	三五 一
二六 二	九八 四	七一 六
六二 七	四四 九	八九 五

山

五運挨星一到山九到向
飛星山向均逆當旺
向生入山尅入吉

向

二一 四	六五 九	四三 二
三二 三	一九 五	八七 七
七六 八	五四 一	九八 六

山

子山午

六運挨星二到山一到向
飛星山順向逆犯下水
向比和山生入吉

	向	
一二 五	六六 一	八四 三
九三 四	二一 六	四八 八
五七 九	七五 二	三九 七
	山	

七運挨星三到山二到向
飛星山逆向順犯上山
向生出山比和吉

	向	
四一 六	八六 二	六八 四
五九 五	三二 七	二四 九
九五 一	七七 三	二三 八
	山	

八運挨星四到山三到向
飛星山順向逆犯下水
向比和吉山剋出凶

向

三四 七	八八 三	一六 五
二五 六	四三 八	六一 一
七九 二	九七 四	五二 九

山

九運挨星五到山四到向
飛星山逆向順犯上山
向剋入山比和吉

向

六三 八	一八 四	八一 六
七二 七	五四 九	三六 二
二七 三	九九 五	四五 一

山

子山午

一運挨星五到山六到向飛星山逆向順犯上山向生出凶山比和吉

天元午山子向挨星圖

地運一百年

五運獨旺

三七運全局合十

二四七九運坎宮打刦

城門一三五運不用二

四六九運乾艮吉七運

艮八運乾吉

	山	
六五 九	一一 五	八三 七
七四 八	五六 一	三八 三
二九 四	九二 六	四七 二
	向	

二運挨星六到山七到向

飛星山順向逆犯下水

向比和吉山生出凶

	山	
五八 一	一三 六	三一 八
四九 九	六七 二	八五 四
九四 五	二二 七	七六 三
	向	

三運挨星七到山八到向

飛星山逆向順犯上山

向剋入山比和吉

	山	
八七 二	三三 七	一五 九
九六 一	七八 三	五一 五
四二 六	二四 八	六九 四
	向	

四運挨星八到山九到向
飛星山順向逆犯下水
向比和吉山剋出凶

七一 三	山 三五 八	五三 一
六二 二	八九 四	一七 六
二六 七	四四 九 向	九八 五

五運挨星九到山一到向
飛星山向均逆當旺
向剋出山生出凶

一二 四	山 五六 九	三四 二
二三 三	九一 五	七八 七
六七 八	四五 一 向	八九 六

六運挨星一到山二到向
飛星山逆向順犯上山
向生出凶山比和吉

	山	
二一 五	六六 一	四八 三
三九 四	一二 六	八四 八
七五 九	五七 二	九三 七
	向	

七運挨星二到山三到向
飛星山順向逆犯下水
山生入向比和吉

	山	
一四 六	六八 二	八六 四
九五 五	二三 七	四一 九
五九 一	七七 三	三二 八
	向	

八運挨星三到山四到向
飛星山逆向順犯上山
山比和向剋入吉

	山	
四三 七	八八 三	六一 五
五二 六	三四 八	一六 一
九七 二	七九 四	二五 九
	向	

九運挨星四到山五到向
飛星山順向逆犯下水
山剋出向比和吉

	山	
三六 八	八一 四	一八 六
二七 七	四五 九	六三 二
七二 三	九九 五	五四 一
	向	

天元卯山酉向挨星圖

地運四十年

三五七運當旺

一八運坎宮打刦

城門五七運不用四

六八運乾坤吉一三

運坤吉二九運乾吉

一運挨星八到山三到向

飛星山順向逆犯下水

向比和山生入吉

向

七四 九	三八 五	五六 七
六五 八	八三 一	一一 三
二九 四	四七 六	九二 二

山

二運挨星九到山四到向
飛星山逆向順犯上山
山向均比和吉

	一三 一	五八 六	三一 八	
山	二二 九	九四 二	七六 四	向
	六七 五	四九 七	八五 三	

三運挨星一到山五到向
飛星山向均逆當旺
山向均剋入吉

	二六 二	六一 七	四八 九	
山	三七 一	一五 三	八三 五	向
	七二 六	五九 八	九四 四	

四運挨星二到山六到向

飛星山向均順犯上山

下水 向尅出凶 山生入吉

山				向
	一五 三	六一 八	八三 一	
	九四 二	二六 四	四八 六	
	五九 七	七二 九	三七 五	

五運挨星三到山七到向

飛星山向均逆當旺

向尅入山生入吉

山				向
	四八 四	八三 九	六一 二	
	五九 三	三七 五	一五 七	
	九四 八	七二 一	二六 六	

六運挨星四到山八到向
飛星山向均順犯上山
下水山向均生出凶

	二七 五	八三 一	一五 三	
山	二六 四	四八 六	六一 八	向
	七二 九	九四 二	五九 七	

七運挨星五到山九到向
飛星山向均逆當旺
向剋入山生入吉

	六一 六	一五 二	八三 四	
山	七二 五	五九 七	三七 九	向
	二六 一	九四 三	四八 八	

八運挨星六到山一到向
飛星山順向逆犯下水
山向均比和吉

	五二 七	一六 三	三四 五	
山	四三 六	六一 八	八八 一	向
	九七 二	二五 四	七九 九	

九運挨星七到山二到向
飛星山逆向順犯上山
向剋入山比和吉

	八一 八	三六 四	一八 六	
山	九九 七	七二 九	五四 二	向
	四五 三	二七 五	六三 一	

天元酉山卯向挨星圖

地運一百四十年

三五七運當旺

二九運離宮打刦

城門三五運不用二四

六運巽艮吉一八運巽

吉七九運艮吉

一運挨星三到山八到向

飛星山逆向順犯上山

山比和吉向生出凶

	四七 九	八三 五	六五 七	
向	五六 八	三八 一	一一 三	山
	九二 四	七四 六	二九 二	

二運挨星四到山九到向
飛星山順向逆犯下水
山向均比和吉

向				山
	三一 一	八五 六	一三 八	
向	二二 九	四九 二	六七 四	山
	七六 五	九四 七	五八 三	

三運挨星五到山一到向
飛星山向均逆當旺
山向均魁出凶

向				山
	六二 二	一六 七	八四 九	
向	七三 一	五一 三	三八 五	山
	二七 六	九五 八	四九 四	

四運挨星六到山二到向
飛星山向均順犯上山
下水 山剋入吉 向生出凶

	五一 三	一六 八	三八 一	
向	四九 二	六二 四	八四 六	山
	九五 七	二七 九	七三 五	

五運挨星七到山三到向
飛星山向均逆當旺
山剋出向生出凶

	八四 四	三八 九	一六 二	
向	九五 三	七三 五	五一 七	山
	四九 八	二七 一	六二 六	

六運挨星八到山四到向
飛星山向均順犯上山
下水山向均生入吉

	七三 五	八三 一	一五 三	
向	六二 四	八四 六	一六 八	山
	二七 九	四九 二	九五 七	

七運挨星九到山五到向
飛星山向均逆當旺
山剋出向生出凶

	一六 六	五一 二	三八 四	
向	二七 五	九五 七	七三 九	山
	六二 一	四九 三	八四 八	

八運挨星一到山六到向
飛星山逆向順犯上山
山向均比和吉

	二五 七	六一 三	四三 五	
向	三四 六	一六 八	八八 一	山
	七九 二	五二 四	九七 九	

九運挨星二到山七到向
飛星山順向逆犯下水
山剋出凶向比和吉

	一八 八	六三 四	八一 六	
向	九九 七	二七 九	四五 二	山
	五四 三	七二 五	三六 一	

天元乾山巽向挨星圖

地運一百六十年

二八運當旺

一九運全局合十

一四運坎宮打刦

城門一四七運不用三

五運卯午吉二九運卯

吉六八運午吉

四六運犯反吟伏吟

一運挨星二到山九到向

飛星山順向逆犯下水

向比和吉山剋出凶

向		
一 一 九	六 五 五	八 三 七
九 二 八	二 九 一	四 七 三
五 六 四	七 四 六	三 八 二
		山

二運挨星三到山一到向
飛星山向均逆當旺
向剋出凶山生入吉

向		
四二 一	八六 六	六四 八
五三 九	三一 二	一八 四
九七 五	七五 七	二九 三
		山

三運挨星四到山二到向
飛星山向均順犯上山
下水向生入山剋入吉

向		
三一 二	八六 七	一八 九
二九 一	四二 三	六四 五
七五 六	九七 八	五三 四
		山

四運挨星五到山三到向
飛星山順向逆犯下水
向比和山生入吉

向		
四四 三	九八 八	二六 一
三五 二	五三 四	七一 六
八九 七	一七 九	六二 五
		山

五運挨星六到山四到向
飛星山向均順犯上山
下水向剋入山生入吉

向		
五三 四	一八 九	三一 二
四二 三	六四 五	八六 七
九七 八	二九 一	七五 六
		山

六運挨星七到山五到向

飛星山逆向順犯上山

向剋入山比和吉

向

八四 五	三九 一	一二 三
九三 四	七五 六	五七 八
四八 九	二一 二	六六 七

山

七運挨星八到山六到向

飛星山向均順犯上山

下水

向生入吉

山剋出凶

向

七五 六	三一 二	五三 四
六四 五	八六 七	一八 九
二九 一	四二 三	九七 八

山

八運挨星九到山七到向

飛星山向均逆當旺

向剋入吉山生出凶

向

一八 七	五三 三	三一 五
二九 六	九七 八	七五 一
六四 二	四二 四	八六 九

山

九運挨星一到山八到向

飛星山逆向順犯上山

向生出凶山比和吉

向

二七 八	六三 四	四五 六
三六 七	一八 九	八一 二
七二 三	五四 五	九九 一

天元巽山乾向挨星圖

地運二十年

二八運當旺

一九運全局合十

六九運離宮打刦

城門三六九運不用五

七運子酉吉一八運酉

吉二四運子吉

四六運犯反伏吟凶

一運挨星九到山二到向

飛星山逆向順犯上山

山比和向剋入吉

山

一一 九	五六 五	三八 七
二九 八	九二 一	七四 三
六五 四	四七 六	八三 二

向

二運挨星一到山三到向
飛星山向均逆當旺
山剋入吉向生出凶

山

二四 一	六八 六	四六 八
三五 九	一三 二	八一 四
七九 五	五七 七	九二 三

向

三運挨星二到山四到向
飛星山向均順犯上山
下水山生出向剋出凶

山

一三 二	六八 七	八一 九
九二 一	二四 三	四六 五
五七 六	七九 八	三五 四

向

四運挨星三到山五到向
飛星山逆向順犯上山
山比和吉向生出凶

山 四四 三	八九 八	六二 一
五三 二	三五 四	八七 六
九八 七	七一 九	二六 五 向

五運挨星四到山六到向
飛星山向均順犯上山
下水山剋出向生出凶

山 三五 四	八一 九	一三 二
二四 三	四六 五	六八 七
七九 八	九二 一	五七 六 向

六運挨星五到山七到向
飛星山順向逆犯下水
山剋出凶向比和吉

山

四八 五	九三 一	二一 三
三九 四	五七 六	七五 八
八四 九	一二 二	六六 七

向

七運挨星六到山八到向
飛星山向均順犯上山
下水山生出凶向剋入吉

山

五七 六	一三 二	三五 四
四六 五	六八 七	八一 九
九二 一	二四 三	七九 八

向

八運挨星七到山九到向

飛星山向均逆當旺

山剋出凶向生入吉

山 八一 七	三五 三	一三 五
九二 六	七九 八	五七 一
四六 二	二四 四	六八 九 向

九運挨星八到山一到向

飛星山順向逆犯下水

山生入向比和吉

山 七二 八	三六 四	五四 六
六三 七	八一 九	一八 二
二七 三	四五 五	九九 一 向

天元艮山坤向挨星圖

地運一百二十年

四六運當旺

城門二四九運不用五

八運午酉吉一七運酉

吉三六運午吉

二五八運犯反伏吟凶

然全局合成三般卦

一運挨星四到山七到向

飛星山順向逆犯下水

向比和吉山魁出凶

向

三八 九	八三 五	一一 七
二九 八	四七 一	六五 三
七四 四	九二 六	五六 二

山

二運挨星五到山八到向飛星山向均順犯上山下水山向均比和吉

		向
四七 一	九三 六	二五 八
三六 九	五八 二	七一 四
八二 五	一四 七	六九 三
山		

三運挨星六到山九到向、飛星山順向逆犯下水向比和吉山尅出凶

		向
五一 二	一五 七	三三 九
四二 一	六九 三	八七 五
九六 六	二四 八	七八 四

四運挨星七到山一到向
飛星山向均逆當旺
向生出凶山剋入吉

		向
八二 三	三六 八	一四 一
九三 二	七一 四	五八 六
四七 七	二五 九	六九 五
山		

五運挨星八到山二到向
飛星山向均順犯上山
下水山向均比和吉

		向
七一 四	三六 九	五八 二
六九 三	八二 五	一四 七
二五 八	四七 一	九三 六
山		

六運挨星九到山三到向
飛星山向均逆當旺
山向均魁入吉

		向
一四 五	五八 一	三六 三
二五 四	九三 六	七一 八
六九 九	四七 二	八二 七
山		

七運挨星一到山四到向
飛星山逆向順犯上山
向生入山比和吉

		向
二三 六	六八 二	四一 四
三二 五	一四 七	八六 九
七七 一	五九 三	九五 八
山		

八運挨星二到山五到向
飛星山向均順犯上山
下水山向均比和吉

		向
一四 七	六九 三	八二 五
九三 六	二五 八	四七 一
五八 二	七一 四	三六 九
山		

九運挨星三到山六到向
飛星山逆向順犯上山
向尅出山比和吉

		向
四五 八	八一 四	六三 六
五四 七	三六 九	一八 二
九九 三	七二 五	二七 一
山		

天元坤山艮向挨星圖

地運六十年

四六運當旺

城門一六八運不用二

五運子卯吉三九運卯

吉四七運子吉

二五八運犯反伏吟凶

然全局合成三般卦

一運挨星七到山四到向

飛星山逆向順犯上山

山比和向剋入吉

山

八三 九	三八 五	一一 七
九二 八	七四 一	五六 三
四七 四	二九 六	六五 二

向

二運挨星八到山五到向
飛星山向均順犯上山
下水山向均比和吉

		山
七四 一	三九 六	五二 八
六三 九	八五 二	一七 四
二八 五	四一 七	九六 三
向		

三運挨星九到山六到向
飛星山逆向順犯上山
山比和向剋入吉

		山
一五 二	五一 七	三三 九
二四 一	九六 三	七八 五
六九 六	四二 八	八七 四
向		

四運挨星一到山七到向
飛星山向均逆當旺
山生入吉向剋出凶

		山
二八 三	六三 八	四一 一
三九 二	一七 四	八五 六
七四 七	五二 九	九六 五
向		

五運挨星二到山八到向
飛星山向均順犯上山
下水山向均比和吉

		山
一七 四	六三 九	八五 二
九六 三	二八 五	四一 七
五二 八	七四 一	三九 六
向		

六運挨星三到山九到向
飛星山向均逆當旺
山向均尅出吉

		山
四一 五	八五 一	六三 三
五二 四	三九 六	一七 八
九六 九	七四 二	二八 七
向		

七運挨星四到山一到向
飛星山順向逆犯下水
山生出凶向比和吉

		山
三二 六	八六 二	一四 四
二三 五	四一 七	六八 九
七七 一	九五 三	五九 八
向		

八運挨星五到山二到向
飛星山向均順犯上山
下水山向均比和吉

		山
四一 七	九六 三	二八 五
三九 六	五二 八	七四 一
八五 二	一七 四	六三 九
向		

九運挨星六到山三到向
飛星山順向逆犯下水
山剋入、向比和吉

		山
五四 八	一八 四	三六 六
四五 七	六三 九	八一 二
九九 三	二七 五	七二 一
向		

人元寅山申向挨星圖

地運一百二十年

四六運當旺

城門二四九運不用五

八運丁辛吉一七運辛

三六運丁吉

二五八運犯反伏吟凶

然全局合成三般卦

一運挨星四到山七到向

飛星山順向逆犯下水

向比和吉山剋出凶

		向
三八 九	八三 五	一一 七
二九 八	四七 一	六五 三
七四 四	九二 六	五六 二
山		

二運挨星五到山八到向
飛星山向均順犯上山
下水山向均比和吉

		向
四七 一	九三 六	二五 八
三六 九	五八 二	七一 四
八二 五	一四 七	六九 三
山		

三運挨星六到山九到向
飛星山順向逆犯下水
向比和吉山剋出凶

		向
五一 二	一五 七	三三 九
四二 一	六九 三	八七 五
九六 六	二四 八	七八 四
山		

四運巽星七到山一到向

飛星山向均逆當旺

山剋入吉向生出凶

向

八二 三	三六 八	一四 一
九三 二	七一 四	五八 六
四七 七	二五 九	六九 五
山		

五運巽星八到山二到向

飛星山向均順犯上山

下水山向均比和吉

向

七一 四	三六 九	五八 二
六九 三	八二 五	一四 七
二五 八	四七 一	九三 六
山		

六運挨星九到山三到向
飛星山向均逆當旺
山向均剋入吉

		向
一四 五	五八 一	三六 三
二五 四	九三 六	七一 八
六九 九	四七 二	八二 七
山		

七運挨星一到山四到向
飛星山逆向順犯上山
向生入山比和吉

		向
二三 六	六八 二	四一 四
三二 五	一四 七	八六 九
七七 一	五九 三	九五 八
山		

八運挨星二到山五到向
飛星山向均順犯上山
下水山向均比和吉

		向
一四 七	六九 三	八二 五
九三 六	二五 八	四七 一
五八 二	七一 四	三六 九
山		

九運挨星三到山六到向
飛星山逆向順犯上山
向剋出山比和吉

		向
四五 八	八一 四	六三 六
五四 七	三六 九	一八 二
九九 三	七二 五	二七 一
山		

人元申山寅向挨星圖

地運六十年

四六運當旺

城門一六八運不用二

五運乙癸吉三九運乙

四七運癸吉

二五八運犯反伏吟凶

然全局合成三般卦

一運挨星七到山四到向

飛星山逆向順犯上山

山比和向剋入吉

		山
八三 九	三八 五	一一 七
九二 八	七四 一	五六 三
四七 四	二九 六	六五 二
向		

二運挨星八到山五到向飛星山向均順犯上山下水山向均比和吉

		山
七四 一	三九 六	五二 八
六三 九	八五 二	一七 四
二八 五	四一 七	九六 三
向		

三運挨星九到山六到向飛星山逆向順犯上山山比和向尅入吉

		山
一五 二	五一 七	三三 九
二四 一	九六 三	七八 五
六九 六	四二 八	八七 四
向		

四運挨星一到山七到向
飛星山向均逆當旺
山生入吉向剋出凶

		山
二八 三	六三 八	四一 一
三九 二	一七 四	八五 六
七四 七	五二 九	九六 五
向		

五運挨星二到山八到向
飛星山向均順犯上山
下水山向均比和吉

		山
一七 四	六三 九	八五 二
九六 三	二八 五	四一 七
五二 八	七四 一	三九 六
向		

六運挨星三到山九到向
飛星山向均逆當旺
山向均剋出凶

		山
四一 五	八五 一	六三 三
五二 四	三九 六	一七 八
九六 九	七四 二	二八 七
向		

七運挨星四到山一到向
飛星山順向逆犯下水
山生出凶向比和吉

		山
三二 六	八六 二	一四 四
二三 五	四一 七	六八 九
七七 一	九五 三	五九 八
向		

八運挨星五到山二到向
飛星山向均順犯上山
下水山向均比和吉

山

四一 七	九六 三	二八 五
三九 六	五二 八	七四 一
八五 二	一七 四	六三 九

向

九運挨星六到山三到向
飛星山順向逆犯下水
山剋入向比和吉

山

五四 八	一八 四	三六 六
四五 七	六三 九	八一 二
九九 三	二七 五	七二 一

人元巳山亥向挨星圖

地運二十年

二八運當旺

一九運全局合十

六九運離宮打刦

城門三六九運不用五

七運癸辛吉一八運辛

吉二四運癸吉

四六運犯反伏吟凶

一運挨星九到山二到向

飛星山逆向順犯上山

山比和向剋入吉

山		
一一 九	五六 五	三八 七
二九 八	九二 一	七四 三
六五 四	四七 六	八三 二
		向

二運挨星一到山三到向
飛星山向均逆當旺
山剋入吉向生出凶

山

二四 一	六八 六	四六 八
三五 九	一三 二	八一 四
七九 五	五七 七	九二 三

向

三運挨星二到山四到向
飛星山向均順犯上山
下水山生出向剋出凶

山

一三 二	六八 七	八一 九
九二 一	二四 三	四六 五
五七 六	七九 八	三五 四

向

四運挨星三到山五到向
飛星山逆向順犯上山
山比和吉向生出凶

山

四四 三	八九 八	六二 一
五三 二	三五 四	一七 六
九八 七	七一 九	二六 五

向

五運挨星四到山六到向
飛星山向均顛犯上山
下水山剋出向生出凶

山

三五 四	八一 九	一三 二
二四 三	四六 五	六八 七
七九 八	九二 一	五七 六

向

六運挨星五到山七到向
飛星山順向逆犯下水
山尅出凶向比和吉

山 四八 五	九三 一	二一 三
三九 四	五七 六	七五 八
八四 九	一二 二	六六 七 向

七運挨星六到山八到向
飛星山向均順犯上山
下水山生出凶向尅入吉

山 五七 六	一三 二	三五 四
四六 五	六八 七	八一 九
九二 一	二四 三	七九 八 向

八運挨星七到山九到向
飛星山向均逆當旺
山剋出凶向生入吉

山

八一 七	三五 三	一三 五
九二 六	七九 八	五七 一
四六 二	二四 四	六八 九

向

九運挨星八到山一到向
飛星山順向逆犯下水
山生入向比和吉

山

七二 八	三六 四	五四 六
六三 七	八一 九	一八 二
二七 三	四五 五	九九 一

向

人元亥山巳向挨星圖
地運一百六十年
二八運當旺
一九運全局合十
一四運坎宮打刦
城門一四七運不用三
五運乙丁吉二九運乙
六八運丁吉
四六運犯反伏吟凶

一運挨星二到山九到向
飛星山順向逆犯下水
向比和吉山剋出凶

向

一一 九	六五 五	八三 七
九二 八	二九 一	四七 三
五六 四	七四 六	三八 二

山

二運挨星三到山一到向
飛星山向均逆當旺
向剋出凶山生入吉

向		
四二 一	八六 六	六四 八
五三 九	三一 二	一八 四
九七 五	七五 七	二九 三
		山

三運挨星四到山二到向
飛星山向均順犯上山
下水向生入山剋入吉

向		
三一 二	八六 七	一八 九
二九 一	四二 三	六四 五
七五 六	九七 八	五三 四
		山

四運挨星五到山三到向
飛星山順向逆犯下水
向比和山生入吉

向		
四四 三	九八 八	二六 一
三五 二	五三 四	七一 六
八九 七	一七 九	六二 五
		山

五運挨星六到山四到向
飛星山向均順犯上山
下水向剋入山生入吉

向		
五三 四	一八 九	三一 二
四二 三	六四 五	八六 七
九七 八	二九 一	七五 六
		山

六運挨星七到山五到向
飛星山逆向順犯上山
向剋入山比和吉

向

八四 五	三九 一	一二 三
九三 四	七五 六	五七 八
四八 九	二一 二	六六 七

山

七運挨星八到山六到向
飛星山向均順犯上山
下水向生入吉山剋出凶

向

七四 六	三一 二	五三 四
六四 五	八六 七	一八 九
二九 一	四二 三	九七 八

山

八運挨星九到山七到向
飛星山向均逆當旺
向剋入吉山生出凶

向		
一八 七	五三 三	三一 五
二九 六	九七 八	七五 一
六四 二	四二 四	八六 九
		山

九運挨星一到山八到向
飛星山逆向順犯上山
向生出凶山比和吉

向		
二七 八	六三 四	四五 六
三六 七	一八 九	八一 二
七二 三	五四 五	九九 一
		山

人元乙山辛向挨星圖

地運四十年

三五七運當旺

一八運坎宮打刦

城門五七運不用四六

八運申亥吉一三運申

二九運亥吉

一運挨星八到山三到向

飛星山順向逆犯下水

山生入向比和吉

	七四 九	三八 五	五六 七	
山	六五 八	八三 一	一一 三	向
	二九 四	四七 六	九二 二	

二運挨星九到山四到向
飛星山逆向順犯上山
山向均比和吉

	一三 一	五八 六	二一 八	
山	二二 九	九四 二	七六 四	向
	六七 五	四九 七	八五 三	

三運挨星一到山五到向
飛星山向均逆當旺
山向均剋入吉

	二六 二	六一 七	四八 九	
山	三七 一	一五 三	八三 五	向
	七二 六	五九 八	九四 四	

四運挨星二到山六到向

飛星山向均順犯上山

下水山生入吉 向剋出凶

向

一五 三	六一 八	八三 一
九四 二	二六 四	四八 六
五九 七	七二 九	三七 五

山

五運挨星三到山七到向

飛星山向均逆當旺

向剋入山生入吉

向

四八 四	八三 九	六一 二
五九 三	三七 五	一五 七
九四 八	七二 一	二六 六

山

六運挨星四到山八到向
飛星山向均順犯上山
下水山向均生出凶

	三七 五	八三 一	一五 三	
山	二六 四	四八 六	六一 八	向
	七二 九	九四 二	五九 七	

七運挨星五到山九到向
飛星山向均逆當旺
山生入向剋入吉

	六一 六	一五 二	八三 四	
山	七二 五	五九 七	三七 九	向
	二六 一	九四 三	四八 八	

八運挨星六到山一到向
飛星山順向逆犯下水
山向均比和吉

	五二 七	一六 三	三四 五	
山	四三 六	六一 八	八八 一	向
	九七 二	二五 四	七九 九	

九運挨星七到山二到向
飛星山逆向順犯上山
山比和向魁入吉

	八一 八	三六 四	一八 六	
山	九九 七	七二 九	五四 二	向
	四五 三	二七 五	六三 一	

人元辛山乙向挨星圖

地運一百四十年

三五七運當旺

二九運離宮打刦

城門三五運不用二四

六運寅巳吉一八運巳

七九運寅吉

一運挨星三到山八到向

飛星山逆向順犯上山

山比和吉向生出凶

山

四七 九	八三 五	六五 七
五六 八	三八 一	一一 三
九二 四	七四 六	二九 二

向

二運挨星四到山九到向
飛星山順向逆犯下水
山向均比和吉

	三一 一	八五 六	一三 八	
向	二二 九	四九 二	六七 四	山
	七六 五	九四 七	五八 三	

三運挨星五到山一到向
飛星山向均逆當旺
山向均剋出凶

	六二 二	一六 七	八四 九	
向	七三 一	五一 三	三八 五	山
	二七 六	九五 八	四九 四	

四運挨星六到山二到向
飛星山向均順犯上山
下水山剋入吉向生出凶

	五一 三	一六 八	三八 一	
向	四九 二	六二 四	八四 六	山
	九五 七	二七 九	七三 五	

五運挨星七到山三到向
飛星山向均逆當旺
山剋出向生出凶

	八四 四	三八 九	一六 二	
向	九五 三	七三 五	五一 七	山
	四九 八	二七 一	六二 六	

六運挨星八到山四到向
飛星山向均順犯上山
下水山向均生入吉

	七三 五	三八 一	五一 三	
向	六二 四	八四 六	一六 八	山
	二七 九	四九 二	九五 七	

七運挨星九到山五到向
飛星山向均逆當旺
山剋出向生出凶

	一六 六	五一 二	三八 四	
向	二七 五	九五 七	七三 九	山
	六二 一	四九 三	八四 八	

八運挨星一到山六到向

飛星山逆向順犯上山

山向均比和吉

	二五 七	六一 三	四三 五	
向	三四 六	一六 八	八八 一	山
	七九 二	五二 四	九七 九	

九運挨星二到山七到向

飛星山順向逆犯下水

山剋出凶向比和吉

	一八 八	六三 四	八一 六	
向	九九 七	二七 九	四五 二	山
	五四 三	七二 五	三六 一	

人元丁山癸向挨星圖

地運一百年

五運獨旺

三七運全局合十

二四七九運坎宮打刦

城門一八三五運不用二

四六九運寅亥吉七運

寅八運亥吉

一運挨星五到山六到向

飛星山逆向順犯上山

山比和吉向生出凶

	山	
六五 九	一一 五	八三 七
七四 八	五六 一	三八 三
二九 四	九二 六	四七 二
	向	

二運挨星六到山七到向
飛星山順向逆犯下水
向比和吉山生出凶

	山	
五八 一	一三 六	三一 八
四九 九	六七 二	八五 四
九四 五	二二 七	七六 三
	向	

三運挨星七到山八到向
飛星山逆向順犯上山
山比和向剋入吉

	山	
八七 二	三三 七	一五 九
九六 一	七八 三	五一 五
四二 六	二四 八	六九 四
	向	

四運挨星八到山九到向

飛星山順向逆犯下水

山尅出凶向比和吉

	山	
七一 三	三五 八	五三 一
六二 二	八九 四	一七 六
二六 七	四四 九	九八 五
	向	

五運挨星九到山一到向

飛星山向均逆當旺

山生出向尅出凶

	山	
一二 四	五六 九	三四 二
二三 三	九一 五	七八 七
六七 八	四五 一	八九 六
	向	

六運挨星一到山二到向

飛星山逆向順犯上山

山比和吉向生出凶

山

二一 五	六六 一	四八 三
三九 四	一二 六	八四 八
七五 九	五七 二	九三 七

向

七運挨星二到山三到向

飛星山順向逆犯下水

山生入向比和吉

山

一四 六	六八 二	八六 四
九五 五	二三 七	四一 九
五九 一	七七 三	三二 八

向

八運挨星三到山四到向
飛星山逆向順犯上山
山比和向剋入吉

	山	
四三 七	八八 三	六一 五
五二 六	三四 八	一六 一
九七 二	七九 四	二五 九
	向	

九運挨星四到山五到向
飛星山順向逆犯下水
山剋出凶向比和吉

	山	
三六 八	八一 四	一八 六
二七 七	四五 九	六三 二
七二 三	九九 五	五四 一
	向	

人元癸山丁向挨星圖　一運挨星六到山五到向
地運八十年　飛星山順向逆犯下水
五運獨旺　向比和山生入吉
三七運全局合十
一三六八運離宮打刦
城門五七九運不用一
四六八運巳申吉二運
巳三運申吉

		向
五六 九	三八 七	一一 五
四七 八	八三 三	六五 一
九二 四	七四 二	二九 六
		山

二運挨星七到山六到向
飛星山逆向順犯上山
向生入山比和吉

向

八五 一	三一 六	一三 八
九四 九	七六 二	五八 四
四九 五	二二 七	六七 三

山

三運挨星八到山七到向
飛星山順向逆犯下水
向比和吉山剋出凶

向

七八 二	三三 七	五一 九
六九 一	八七 三	一五 五
二四 六	四二 八	九六 四

山

四運挨星九到山八到向
飛星山逆向順犯上山
向剋入山比和吉

向

一七 三	五三 八	三五 一
二六 二	九八 四	七一 六
六二 七	四四 九	八九 五

山

五運挨星二到山九到向
飛星山向均逆當旺
向生入山剋入占

向

二一 四	六五 九	四三 二
三二 三	一九 五	八七 七
七六 八	五四 一	九八 六

山

六運挨星二到山一到向
飛星山順向逆犯下水
向比和山生入吉

	向	
一二 五	六六 一	八四 三
九三 四	二一 六	四八 八
五七 九	七五 二	三九 七
	山	

七運挨星三到山二到向
飛星山逆向順犯上山
向生出凶山比和吉

	向	
四一 六	八六 二	六八 四
五九 五	三二 七	一四 九
九五 一	七七 三	二三 八
	山	

八運挨星四到山三到向
飛星山順向逆犯下水
向比和吉山剋出凶

向

三四 七	八八 三	一六 五
二五 六	四三 八	六一 一
七九 二	九七 四	五二 九

山

九運挨星五到山四到向
飛星山逆向順犯上山
向剋入山比和吉

向

六三 八	一八 四	八一 六
七二 七	五四 九	三六 二
二七 三	九九 五	四五 一

山

地元辰山戌向挨星圖

地運二十年

三五七運當旺

一四運離宮打刦

城門五七運不用二三六

九運壬庚吉一八運壬

二四運庚吉

一運挨星九到山二到向

飛星山順向逆犯下水

山剋入向比和吉

山

八三 九	四七 五	六五 七
七四 八	九二 一	二九 三
三八 四	五六 六	一一 二

向

二運挨星一到山三到向

飛星山向均順犯上山

下水（山生出凶 向剋入吉）

山

九二 一	五七 六	七九 八
八一 九	一三 二	三五 四
四六 五	六八 七	二四 三

向

三運挨星二到山四到向

飛星山向均逆當旺

山剋出向生出凶

山

三五 二	七九 七	五七 九
四六 一	二四 三	九二 五
八一 六	六八 八	一三 四

向

四運挨星三到山五到向
飛星山順向逆犯下水
山生出凶向比和吉

山		
二六 三	七一 八	九八 一
一七 二	三五 四	五三 六
六二 七	八九 九	四四 五
		向

五運挨星四到山六到向
飛星山向均逆當旺
山生出向剋出凶

山		
五七 四	九二 九	七九 二
六八 三	四六 五	二四 七
一三 八	八一 一	三五 六
		向

六運挨星五到山七到向
飛星山逆向順犯上山
山比和吉向剋出凶

山		
六六 五	一二 一	八四 三
七五 四	五七 六	三九 八
二一 九	九三 二	四八 七
		向

七運挨星六到山八到向
飛星山向均逆當旺
山剋入吉向生出凶

山		
七九 六	二四 二	九二 四
八一 五	六八 七	四六 九
三五 一	一三 三	五七 八
		向

八運挨星七到山九到向
飛星山向均順犯上山
下水（山生入吉　向剋出凶）

山		
六八 七	二四 三	四六 五
五七 六	七九 八	九二 一
一三 二	三五 四	八一 九
		向

九運挨星八到山一到向
飛星山逆向順犯上山
山比和向生入吉

山		
九九 八	四五 四	二七 六
一八 七	八一 九	六三 二
五四 三	三六 五	七二 一
		向

地元戌山辰向挨星圖
地運一百六十年
三五七運當旺
六九運坎宮打刦
城門三五運不用四七
運丙甲吉一二九運丙
六八運甲吉
一運挨星二到山九到向
飛星山逆向順犯上山
向尅出凶山比和吉
向

三八 九	七四 五	五六 七
四七 八	二九 一	九二 三
八三 四	六五 六	一一 二

山

二運挨星三到山一到向

飛星山向均順犯上山

下水向生入吉

山剋出凶

向		
二九 一	七五 六	九七 八
一八 九	三一 二	五三 四
六四 五	八六 七	四二 三
		山

三運挨星四到山二到向

飛星山向均逆當旺

向剋入山生入吉

向		
五三 二	九七 七	七五 九
六四 一	四二 三	二九 五
一八 六	八六 八	三一 四
		山

四運挨星五到山三到向
飛星山逆向順犯上山
向生入山比和吉

向		
六二 三	一七 八	八九 一
七一 二	五三 四	三五 六
二六 七	九八 九	四四 五
		山

五運挨星六到山四到向
飛星山向均逆當旺
向生入山剋入吉

向		
七五 四	二九 九	九七 二
八六 三	六四 五	四二 七
三一 八	一八 一	五三 六
		山

六運挨星七到山五到向
飛星山順向逆犯下水
向比和山剋入吉

向

六六 五	二一 一	四八 三
五七 四	七五 六	九三 八
一二 九	三九 二	八四 七

山

七運挨星八到山六到向
飛星山向均逆當旺
向剋出凶山生入吉

向

九七 六	四二 二	二九 四
一八 五	八六 七	六四 九
五三 一	三一 三	七五 八

山

八運挨星九到山七到向
飛星山向均順犯上山
下水向生出凶（山剋入吉）

向		
八 六 七	四 二 三	六 四 五
七 五 六	九 七 八	二 九 一
三 一 二	五 三 四	一 八 九
		山

九運挨星一到山八到向
飛星山順向逆犯下水
向比和吉山生出凶

向		
九 九 八	五 四 四	七 二 六
八 一 七	一 八 九	三 六 二
四 五 三	六 三 五	二 七 一
		山

地元丑山未向挨星圖

地運一百二十年

二五八運當旺

二八運全局合十

城門五八運不用二四

九運丙庚吉一七運丙

三六運庚吉

四六運全局合三般卦

一運挨星四到山七到向

飛星山逆向順犯上山

向剋出凶山比和吉

		向
五六 九	九二 五	七四 七
六五 八	四七 一	二九 三
一一 四	八三 六	三八 二
山		

二運挨星五到山八到向

飛星山向均逆當旺

山向均比和吉

		向
六九 一	一四 六	八二 八
七一 九	五八 二	三六 四
二五 五 山	九三 七	四七 三

三運挨星六到山九到向

飛星山逆向順犯上山

向剋出山山比和吉

		向
七八 二	二四 七	九六 九
八七 一	六九 三	四二 五
三三 六 山	一五 八	五一 四

四運挨星七到山一到向
飛星山向均順犯上山
下水向剋入吉 山生出凶

		向
六 九 三	二 五 八	四 七 一
五 八 二	七 一 四	九 三 六
一 四 七	三 六 九	八 二 五
山		

五運挨星八到山二到向
飛星山向均逆當旺
山向均比和吉

		向
九 三 四	四 七 九	二 五 二
一 四 三	八 二 五	六 九 七
五 八 八	三 六 一	七 一 六
山		

六運挨星九到山三到向
飛星山向均順犯上山
下水山向均剋入吉

		向
八二 五	四七 一	六九 三
七一 四	九三 六	二五 八
三六 九 山	五八 二	一四 七

七運挨星一到山四到向
飛星山順向逆犯下水
向比和山生入吉

		向
九五 六	五九 二	七七 四
八六 五	一四 七	三二 九
四一 一 山	六八 三	二三 八

八運挨星二到山五到向
飛星山向均逆當旺
山向均比和吉

向

三六 七	七一 三	五八 五
四七 六	二五 八	九三 一
八二 二	六九 四	一四 九

山

九運挨星三到山六到向
飛星山順向逆犯下水
向比和吉山剋出凶

向

二七 八	七二 四	九九 六
一八 七	三六 九	五四 二
六三 三	八一 五	四五 一

山

地元未山丑向挨星圖

地運六十年

二五八運當旺

二八運全局合十

城門二五運不用一六

八運甲壬吉三九運壬

四七運甲吉

四六運全局合三般卦

一運挨星七到山四到向

飛星山順向逆犯下水

山剋入向比和吉

		山
六五 九	二九 五	四七 七
五六 八	七四 一	九二 三
一一 四	三八 六	八三 二
向		

二運挨星八到山五到向
飛星山向均逆當旺
山向均比和吉

		山
九六 一	四一 六	二八 八
一七 九	八五 二	六三 四
五二 五 向	三九 七	七四 三

三運挨星九到山六到向
飛星山順向逆犯下水
山尅入向比和吉

		山
八七 二	四二 七	六九 九
七八 一	九六 三	二四 五
三三 六 向	五一 八	一五 四

四運挨星一到山七到向
飛星山向均順犯上山
下水山剋出凶向生入吉

山

九六 三	五二 八	七四 一
八五 二	一七 四	三九 六
四一 七	六三 九	二八 五

向

五運挨星二到山八到向
飛星山向均逆當旺
山向均比和吉

山

三九 四	七四 九	五二 二
四一 三	二八 五	九六 七
八五 八	六三 一	一七 六

向

六運挨星三到山九到向
飛星山向均順犯上山
下水山向均剋出凶

		山
二八 五	七四 一	九六 三
一七 四	三九 六	五二 八
六三 九	八五 二	四一 七
向		

七運挨星四到山一到向
飛星山逆向順犯上山
山比和吉向生出凶

		山
五九 六	九五 二	七七 四
六八 五	四一 七	二三 九
一四 一	八六 三	三二 八
向		

八運挨星五到山二到向
飛星山向均逆當旺
山向均比和吉

		山
六三 九	一七 三	八五 五
七四 六	五二 八	三九 一
二八 二	九六 四	四一 九
向		

九運挨星六到山三到向
飛星山逆向順犯上山
山比和向尅入吉

		山
七二 八	二七 四	九九 六
八一 七	六三 九	四五 二
三六 三	一八 五	五四 一
向		

地元甲山庚向挨星圖

地運四十年
四六運當旺
四六運全局合十
二九運坎宮打刦
城門四六八運不用五
七運未戌吉一三運戌
二九運未吉
三七運犯反伏吟凶

一運挨星八到山三到向
飛星山逆向順犯上山
向生入山比和吉

	九二 九	四七 五	二九 七	
山	一一 八	八三 一	六五 三	向
	五六 四	三八 六	七四 二	

二運挨星九到山四到向
飛星山順向逆犯下水
山向均比和吉

向

八五 一	四九 六	六七 八
七六 九	九四 二	二二 四
三一 五	五八 七	一三 三

山

三運挨星一到山五到向
飛星山向均順犯上山
下水山向均尅入吉

向

九四 二	五九 七	七二 九
八三 一	一五 三	三七 五
四八 六	六一 八	二六 四

山

四運挨星二到山六到向
飛星山向均逆當旺
向生入吉山剋出凶

	三七 三	七二 八	五九 一	
山	四八 二	二六 四	九四 六	向
	八三 七	六一 九	一五 五	

五運挨星三到山七到向
飛星山向均順犯上山
下水向生入山剋入凶

	二六 四	七二 九	九四 二	
山	一五 三	三七 五	五九 七	向
	六一 八	八三 一	四八 六	

六運巽星四到山八到向

飛星山向均逆當旺

山向均生出凶

	五九 五	九四 一	七二 三	
山	六一 四	四八 六	二六 八	向
	一五 九	八三 二	三七 七	

九運巽星五到山九到向

飛星山向均順犯上山

下水向生入山剋入吉

	四八 六	九四 二	二六 四	
山	三七 五	五九 七	七二 九	向
	八三 一	一五 三	六一 八	

八運挨星六到山一到向
飛星山逆向順犯上山
山向均比和吉

	七九 七	二五 三	九七 五	
山	八八 六	六一 八	四三 一	向
	三四 二	一六 四	五二 九	

九運挨星七到山二到向
飛星山順向逆犯下水
山剋入向比和吉

	六三 八	二七 四	四五 六	
山	五四 七	七二 九	九九 二	向
	一八 三	三六 五	八一 一	

地元庚山甲向挨星圖

地運一百四十年

四六運當旺

四六運全局合十

一八運離宮打刦

城門二四六運不用三

五運辰丑吉一八運丑

七九運辰吉

三七運犯反伏吟凶

一運挨星三到山八到向

飛星山順向逆犯下水

向比和吉山生出凶

	二九 九	七四 五	九二 七	
向	一一 八	三八 一	五六 三	山
	六五 四	八三 六	四七 二	

二運挨星四到山九到向
飛星山逆向順犯上山
山向均比和吉

	五八 一	九四 六	七六 八	
向	六七 九	四九 二	二二 四	山
	一三 五	八五 七	三一 三	

三運挨星五到山一到向
飛星山向均順犯上山
下水山向均剋出凶

	四九 二	九五 七	二七 九	
向	三八 一	五一 三	七三 五	山
	八四 六	一六 八	六二 四	

四運挨星六到山二到向
飛星山向均逆當旺
向剋入吉山生出凶

	七三 三	二七 八	九五 一	
向	八四 二	六二 四	四九 六	山
	三八 七	一六 九	五一 五	

五運挨星七到山三到向
飛星山向均順犯上山
下水山生出向剋出凶

	六二 四	二七 九	四九 二	
向	五一 三	七三 五	九五 七	山
	一六 八	三八 一	八四 六	

六運挨星八到山四到向
飛星山向均逆當旺
山向均生入吉

	九五 五	四九 一	二七 三	
向	一六 四	八四 六	六二 八	山
	五一 九	三八 二	七三 七	

七運挨星九到山五到向
飛星山向均順犯上山
下水山生出向剋出凶

	八四 六	四九 二	六二 四	
向	七三 五	九五 七	二七 九	山
	三八 一	五一 三	一六 八	

八運挨星一到山六到向
飛星山順向逆犯下水
山向均比和吉

	九七 七	五二 三	七九 五	
向	八八 六	一六 八	三四 一	山
	四三 二	六一 四	二五 九	

九運挨星二到山十到向
飛星山逆向順犯上山
山比和吉向剋出凶

	三六 八	七二 四	五四 六	
向	四五 七	二七 九	九九 二	山
	八一 三	六三 五	一八 一	

地元壬山丙向挨星圖

地運八十年

無當旺運

二四七九運離宮打刦

城門一四六八運不用

五七九運未辰吉二運

未三運辰吉

一九運犯反伏吟凶

一運挨星六到山五到向

飛星山逆向順犯上山

向生入山比和吉

向

七四 九	二九 五	九二 七
八三 八	六五 一	四七 三
三八 四	一一 六	五六 二

山

二運挨星七到山六到向
飛星山順向逆犯下水
向比和山生入吉

向

六七 一	二二 六	四九 八
五八 九	七六 二	九四 四
一三 五	三一 七	八五 三

山

三運挨星八到山七到向
飛星山逆向順犯上山
向剋出凶山比和吉

向

九六 二	四二 七	二四 九
一五 一	八七 三	六九 五
五一 六	三三 八	七八 四

山

四運挨星九到山八到向
飛星山順向逆犯下水
向比和山剋入吉

	向	
八九 三	四四 八	六二 一
七一 二	九八 四	二六 六
三五 七	五三 九	一七 五
	山	

五運挨星一到山九到向
飛星山向均順犯上山
下水山生入向剋入吉

	向	
九八 四	五四 九	七六 二
八七 三	一九 五	三二 七
四三 八	六五 一	二一 六
	山	

六運挨星二到山一到向
飛星山逆向順犯上山
向生入山比和吉

	向	
三九 五	七五 一	五七 三
四八 四	二一 六	九三 八
八四 九	六六 二	一二 七
	山	

七運挨星三到山二到向
飛星山順向逆犯下水
向比和吉山生出凶

	向	
二三 六	七七 二	九五 四
一四 五	三二 七	五九 九
六八 一	八六 三	四一 八
	山	

八運挨星四到山三到向
飛星山逆向順犯上山
向剋出凶山比和吉

向

五二 七	九七 三	七九 五
六一 六	四三 八	二五 一
一六 二	八八 四	三四 九

山

九運挨星五到山四到向
飛星山順向逆犯下水
向比和山剋入吉

向

四五 八	九九 四	二七 六
三六 七	五四 九	七二 二
八一 三	一八 五	六三 一

山

地元丙山壬向挨星圖

地運一百年

無當旺運

一三六八運坎宮打刦

城門二四六九運不用

一三五運丑戌吉七運

戌八運丑吉

一九運犯反伏吟凶

一運挨星五到山六到向

飛星山順向逆犯下水

向比和吉山生出凶

山

四七 九	九二 五	二九 七
三八 八	五六 一	七四 三
八三 四	一一 六	六五 二

向

二運挨星六到山七到向

飛星山逆向順犯上山

山比和吉向生出山

	山	
七六 一	二二 六	九四 八
八五 九	六七 二	四九 四
三一 五	一三 七	五八 三
	向	

三運挨星七到山八到向

飛星山順向逆犯下水

山剋入向比和吉

	山	
六九 二	二四 七	四二 九
五一 一	七八 三	九六 五
一五 六	三三 八	八七 四
	向	

四運挨星八到山九到向
飛星山逆向順犯上山
山比和吉向剋出凶

五運挨星九到山一到向
飛星山向均順犯上山
下水山剋出向生出凶

山

九八 三	四四 八	二六 一
一七 二	八九 四	六二 六
五三 七	三五 九	七一 五

向

山

八九 四	四五 九	六七 二
七八 三	九一 五	二三 七
三四 八	五六 一	一二 六

向

六運挨星一到山二到向
飛星山順向逆犯下水
向比和吉山生出凶

	山	
九三 五	五七 一	七五 三
八四 四	一二 六	三九 八
四八 九	六六 二	二一 七
	向	

七運挨星二到山三到向
飛星山逆向順犯上山
山比和向生入吉

	山	
三二 六	七七 二	五九 四
四一 五	二三 七	九五 九
八六 一	六八 三	一四 八
	向	

八運挨星三到山四到向
飛星山順向逆犯下水
山剋入向比和吉

山

二五 七	七九 三	九七 五
一六 六	三四 八	五二 一
六一 二	八八 四	四三 九

向

九運挨星四到山五到向
飛星山逆向順犯上山
山比和吉向剋出凶

山

五四 八	九九 四	七二 六
六三 七	四五 九	二七 二
一八 三	八一 五	三六 一

向

九運二十四山向中宮飛星配卦分金表

謹案　先生與表香溪論分金法係將中宮及山向飛星配成一卦即以此卦爻與先天六十四卦爻互校無反伏吟者用之有則避之飛星逢五則一運寄坎二坤三震四巽六乾七兌八艮九離五運逢五則子午寄坎離壬癸丙丁同卯酉寄震兌甲乙庚辛同巽乾寄巽乾辰巳戌亥同艮坤寄艮坤寅丑申未同茲將山向中宮每運飛星所配之卦列表如左八國從略學者可例推也

元運	向首	中宮	坐山	五寄宮

子山午向向首先天卦為乾姤二卦夬大過半卦

一	一 坎	五六 需	九二 晉	坎
二	一三 屯	六七 履	二二 坤	坤
三	三三 震	七八 咸	二四 升	震
四	三五 恆	八九 賁	四四 巽	巽
五	五六 大有	九一 未濟	四五 渙	離坎
六	六六 乾	一二 比	五七 履	乾
七	六八 遯	二三 復	七七 兌	兌
八	八八 艮	三四 恆	七九 革	艮
九	八一 蒙	四五 家人	九九 離	離

午山子向向首先天卦為坤復二卦剥頤半卦

一	九二 明夷	五六 訟	一一 坎	坎
二	二二 坤	六七 夬	一三 解	坤
三	二四 觀	七八 損	三三 震	震
四	四四 巽	八九 旅	三五 益	巽
五	四五 井	九一 既濟	六五 同人	坎離
六	五七 夬	一二 師	六六 乾	乾
七	七七 兌	二三 豫	六八 大畜	兌
八	七九 睽	三四 益	八八 艮	艮
九	九九 離	四五 鼎	八一 蹇	離

卯山酉向向首先天卦爲師避二卦蒙咸半卦

一	一一坎	八三小過	六五需	坎
二	七六履	九四家人	二二坤	坤
三	八三小過	一五解	三七隨	震
四	四八蠱	二六否	九四家人	巽
五	一五困	三七隨	五九噬嗑	兌震
六	六一需	四八蠱	二六否	乾
七	三七隨	五九睽	七二臨	兌
八	八八艮	六一需	四三恆	艮
九	五四家人	七二臨	九九離	離

酉山卯向向首先天卦為同人臨二卦革損半卦

一	五六 訟	三八 頤	一一 坎	坎
二	二二 坤	四九 鼎	六七 夬	坤
三	七三 歸妹	五一 屯	三八 頤	震
四	四九 鼎	六二 泰	八四 漸	巽
五	九五 豐	三七 歸妹	五一 節	震兌
六	六二 泰	八四 漸	一六 訟	乾
七	二七 萃	九五 革	七三 歸妹	兌
八	三四 益	一六 訟	八八 艮	艮
九	九九 離	二七 萃	四五 鼎	離

乾山巽向向首先天卦為履泰二卦兑大畜中卦

一	一一 坎	二九 晉	三八 頤	坎
二	四二 升	四二 升	二九 晉	坤
三	三一 屯	三一 屯	五三 震	震
四	四四 巽	五三 恒	六二 泰	巽
五	五三 大壯	六四 小畜	七五 中孚	巽乾
六	八四 漸	七六 履	六六 乾	乾
七	七五 兑	八六 遯	九七 革	兑
八	一八 家	九七 革	八六 遯	艮
九	二七 萃	一八 蒙	九九 離	離

巽山乾向向首先天卦為謙否二卦艮革半卦

一	八三 小過	八二 明夷	一一 坎	坎
二	九二 明夷	一三 解	二四 觀	坤
三	三五 震	二四 觀	一三 解	震
四	二六 否	三五 益	四四 巽	巽
五	五七 大過	四六 姤	三五 无妄	乾巽
六	六六 乾	五七 夬	四八 蠱	乾
七	七九 睽	六八 大畜	五七 兌	兌
八	六八 大畜	七九 睽	八一 蹇	艮
九	九九 離	八一 蹇	七二 臨	離

艮山坤向向首先天卦為升訟二卦盡困半卦

一	一一 坎	四七 大過	七四 中孚	坎
二	二五 坤	五八 剝	八二 謙	坤
三	三三 震	六九 大有	九六 同人	震
四	一四 渙	七一 節	四七 大過	巽
五	五八 艮	八二 謙	二五 坤	坤艮
六	三六 无妄	九三 豐	六九 大有	乾
七	四一 井	一四 渙	七七 兌	兌
八	八二 謙	二五 剝	五八 艮	艮
九	六三 大壯	三六 无妄	九九 離	離

坤山艮向向首先天卦為无妄明夷二卦隨賁半卦

一	七四大過	四七中孚	一一坎	坎
二	八二剝	五八謙	二五坤	坤
三	九六大有	六九同人	三三震	震
四	四七中孚	七一困	一四井	巽
五	二五坤	八二剝	五八艮	艮坤
六	六九同人	九三噬嗑	三六大壯	乾
七	七七兌	一四井	四一渙	兌
八	五八艮	二五謙	八二剝	艮
九	九九離	三六大壯	六三无妄	離

寅山申向向首先天卦爲未濟解二卦囚半卦

一	一一 坎	四七 大過	七四 中孚	坎
二	二五 坤	五八 剝	八二 謙	坤
三	三三 震	六九 大有	九六 同人	震
四	一四 渙	七一 節	四七 大過	巽
五	五八 艮	八二 謙	二五 坤	坤艮
六	三六 无妄	九三 豐	六九 大有	乾
七	四一 井	一四 渙	七七 兌	兌
八	八二 謙	二五 剝	五八 艮	艮
九	六三 大壯	三六 无妄	九九 離	離

中山寅向向首先天卦為既濟家人二卦賁半卦

一	四七 大過	七四 中孚	一一 坎	坎
二	二八 剝	八五 謙	五二 坤	坤
三	六九 大有	九六 同人	三三 震	震
四	七四 中孚	一七 困	四一 井	巽
五	五二 坤	二八 剝	八五 艮	艮坤
六	九六 同人	三九 噬嗑	六三 大壯	乾
七	七七 兌	四一 井	一四 渙	兌
八	八五 艮	五二 謙	二八 剝	艮
九	九九 離	六三 大壯	三六 无妄	離

巳山亥向向首先天卦爲晉豫二卦革半半卦

一	八三 小過	九二 明夷	一一 坎	坎
二	九二 明夷	一三 解	二四 觀	坤
三	三五 震	二四 觀	一三 解	震
四	二六 否	三五 益	四四 巽	巽
五	五七 大過	四六 姤	三五 无妄	乾巽
六	六六 乾	五七 夬	四八 蠱	乾
七	七九 睽	六八 大畜	五七 兌	兌
八	六八 大畜	七九 睽	八一 蹇	艮
九	九九 離	八一 蹇	七二 臨	離

亥山巳向向首先天卦為需小畜二卦大畜半卦

一	一一 坎	九二 晉	八三 頤	坎
二	二四 升	一三 屯	九二 晉	坤
三	一三 屯	二四 升	三五 震	震
四	四四 巽	三五 恆	二六 泰	巽
五	三五 大壯	四六 小畜	五七 中孚	巽乾
六	四八 漸	五七 履	六六 乾	乾
七	五七 兌	六八 遯	七九 革	兌
八	八一 蒙	七九 革	六八 遯	艮
九	七二 革	八一 蒙	九九 離	離

乙山辛向向首先天卦為小過旅二卦歲辛卦

一	一一坎	三八小過	五六需	坎
二	六七履	四九家人	二二坤	坤
三	三八小過	五一解	七三隨	震
四	八四蠱	六二否	四九家人	巽
五	五一困	七三隨	九五噬嗑	兌震
六	一六需	八四蠱	六二否	乾
七	七三隨	九五睽	二七臨	兌
八	八八艮	一六需	三四恆	艮
九	四五家人	二七臨	九九離	離

辛山乙向向首先天卦為節中孚二卦損半斛

一	六五訟	八三頤	一一坎	坎
二	二二坤	九四鼎	七六夬	坤
三	三七歸妹	一五屯	八三頤	震
四	九四鼎	二六泰	四八漸	巽
五	五九豐	三七歸妹	一五節	震兌
六	二六泰	四八漸	六一訟	乾
七	七二革	五九革	三七歸妹	兌
八	四三益	六一訟	八八艮	艮
九	九九離	七二革	五四鼎	離

丁山癸向向首先天卦為屯益二卦頤華卦

一	九二 明夷	五六 訟	一一 坎	坎
二	二二 坤	六七 夬	一三 解	坤
三	二四 觀	七八 損	三三 震	震
四	四四 巽	八九 旅	三五 益	巽
五	四五 井	九一 既濟	五六 同人	坎離
六	五七 夬	一二 師	六六 乾	乾
七	七七 兌	二三 豫	六八 大畜	兌
八	七九 睽	三四 益	八八 艮	艮
九	九九 離	四五 鼎	八一 蹇	離

癸山丁向向首先天卦為鼎恆二卦大過半卦

一	一一 坎	六五 需	二九 晉	坎
二	三一 屯	七六 履	二二 坤	坤
三	三三 震	八七 咸	四二 升	震
四	五三 恆	九八 賁	四四 巽	巽
五	六五 大有	一九 未濟	五四 渙	離坎
六	六六 乾	二一 比	七五 履	乾
七	八六 遯	三二 復	七七 兌	兌
八	八八 艮	四三 恆	九七 革	艮
九	一八 蒙	五四 家人	九九 離	離

辰山戌向向首先天卦為漸蹇二卦艮半卦

一	一一坎	九二明夷	八三小過	坎
二	二四觀	一三解	九二明夷	坤
三	一三解	二四觀	三五震	震
四	四四巽	三五益	二六否	巽
五	三五无妄	四六姤	五七大過	乾巽
六	四八蠱	五七夬	六六乾	乾
七	五七兌	六八大畜	七九睽	兌
八	八一蹇	七九睽	六八大畜	艮
九	七二臨	八一蹇	九九離	離

戌山辰向向首先天卦為歸妹聯二卦兌半卦

一	三八 頤	二九 晉	一一 坎	坎
二	二九 晉	三一 屯	四三 升	坤
三	五三 震	四二 升	三一 屯	震
四	六二 泰	五三 恒	四四 巽	巽
五	七五 中孚	六四 小畜	五三 大壯	巽乾
六	六六 乾	七五 履	八四 漸	乾
七	九七 革	八六 遯	七五 兌	兌
八	八六 遯	九七 革	一八 蒙	艮
九	九九 離	一八 蒙	二七 革	離

丑山癸向向首先天卦為巽井二卦盤中卦

一	七四 中孚	四七 大過	一一 坎	坎
二	八二 謙	五八 剝	二五 坤	坤
三	九六 同人	六九 大有	三三 震	震
四	四七 大過	七一 節	一四 渙	巽
五	二五 坤	八二 謙	五八 艮	坤艮
六	六九 大有	九三 豐	三六 无妄	乾
七	七七 兌	一四 渙	四一 井	兌
八	五八 艮	二五 剝	八二 謙	艮
九	九九 離	三六 无妄	六三 大壯	離

未山丑向向首先天卦為震噬嗑二卦隨半卦

一	一一坎	七四中孚	四七大過	坎
二	五二坤	八五謙	二八剝	坤
三	三三震	九六同人	六九大有	震
四	四一井	一七困	七四中孚	巽
五	八五艮	二八剝	五二坤	艮坤
六	六三大壯	三九噬嗑	九六同人	乾
七	一四渙	四一井	七七兌	兌
八	二八剝	五二謙	八五艮	艮
九	三六无妄	六三大壯	九九離	離

甲山庚向向首先天卦爲渙坎二卦蒙半卦

一	六五 需	八三 小過	一一 坎	坎
二	二二 坤	九四 家人	七六 履	坤
三	三七 隨	一五 解	八三 小過	震
四	九四 家人	二六 否	四八 蠱	巽
五	五九 噬嗑	三七 隨	一五 困	兌震
六	二六 否	四八 蠱	六一 需	乾
七	七二 臨	五九 節	三七 隨	兌
八	四三 恆	六一 需	八八 艮	艮
九	九九 離	七二 臨	五四 家人	離

庚山甲向向首先天卦為豐離二卦華半卦

一	一一坎	八三頤	六五訟	坎
二	七六夬	九四鼎	二二坤	坤
三	八三頤	一五屯	三七歸妹	震
四	四八漸	二六泰	九四鼎	巽
五	一五節	三七歸妹	三九豐	震兌
六	六一訟	四八漸	二六泰	乾
七	三七歸妹	五九革	七二萃	兌
八	八八艮	六一訟	四三益	艮
九	五四鼎	七二萃	九九離	離

壬山丙向向首先天卦為大壯大有二卦夬半卦

一	九二 晉	五六 需	一一 坎	坎
二	二二 坤	六七 履	一三 屯	坤
三	二四 升	七八 咸	三三 震	震
四	四四 巽	八九 賁	三五 恆	巽
五	四五 渙	九一 未濟	五六 大有	離坎
六	五七 履	一二 比	六六 乾	乾
七	七七 兌	二三 復	六八 遯	兌
八	七九 革	三四 損	八八 艮	艮
九	九九 離	四五 家人	八一 蒙	離

丙山壬向向首先天卦為觀比二卦剎半卦

一	一一 坎	五六 訟	九二 明夷	坎
二	一三 解	六七 夬	二二 坤	坤
三	三三 震	七八 損	二四 觀	震
四	三五 益	八九 旅	四四 巽	巽
五	五六 同人	九一 既濟	四五 井	坎離
六	六六 乾	一二 師	五七 夬	乾
七	六八 大畜	二三 豫	七七 兌	兌
八	八八 艮	三四 益	七九 睽	艮
九	八一 蹇	四五 鼎	九九 離	離

右表山向中宮飛星配卦盡此矣惟分金時與先天卦爻互挨必明卦之順逆排法始知犯反伏吟者為內卦為外卦按張心言卦爻排法以乾坤坎離四卦為陽震巽艮兌四卦為陰內卦外卦陽見陽陰見陰則順排順排者如乾卦初爻近丁上爻近丙者是內卦外卦陽見陰陰見陽則逆排逆排者如姤卦初爻近丙上爻近丁者是六十四卦每卦六爻照此順逆排去其於避反伏吟也可無遺憾矣

志伊識

第二卷勘誤表

一十六葉下板末行　六字下脫山字

一十八葉上板二行　向兆出下脫凶字

二十葉上板三行第六字吉　係凶字

二十四葉上板中縫寅山申　係申山寅

二十五葉下板末行　三字下脫向字

三十葉上板末行向入四四字　係五字

三十九葉下板第一行第十五字二　係一字

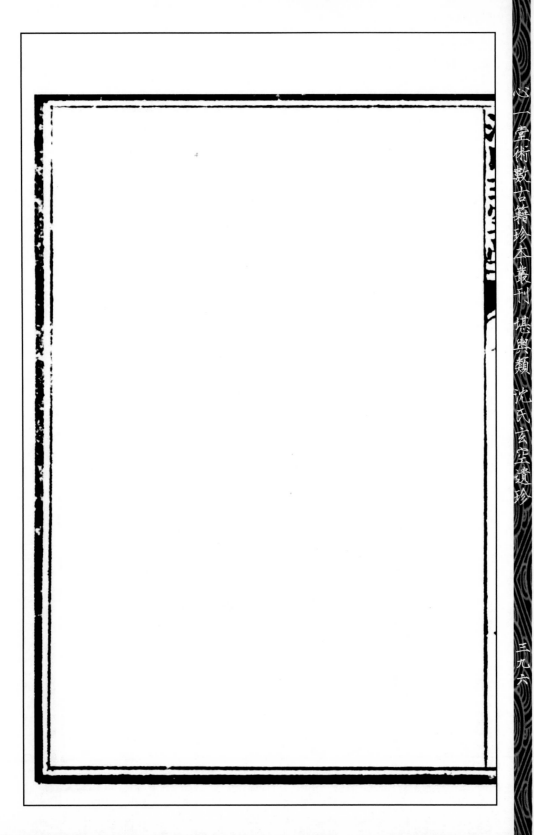